Gregor von Nazianz
Reden

SCHRIFTEN DER KIRCHENVÄTER

Herausgegeben von Norbert Brox

BAND 5

GREGOR VON NAZIANZ

REDEN

ÜBER DEN FRIEDEN
ÜBER DIE LIEBE ZU DEN ARMEN

Deutsche Übersetzung
von Philipp Haeuser
Bearbeitet von Manfred Kertsch

KÖSEL-VERLAG MÜNCHEN

Die Übersetzung der Reden ist entnommen aus:
Gregor von Nazianz, Reden.
Aus dem Griechischen übersetzt von Philipp Haeuser.
Rede 1–20 (Bibliothek der Kirchenväter,
1. Reihe Band 59), München 1928.

CIP-Kurztitelaufnahme der Deutschen Bibliothek

Gregorius ⟨Nazianzenus⟩:
Reden / Gregor von Nazianz. Dt. Übers. von Philipp Haeuser. Bearb. von Manfred Kertsch. – München : Kösel, 1983.
(Schriften der Kirchenväter ; Bd. 5)
Enth.: Über den Frieden [Einheitssacht.: De pacis ⟨dt.⟩]. – Über die Liebe zu den Armen [Einheitssacht.: De pauperibus amandis ⟨dt.⟩]
ISBN 3-466-25035-8
NE: Kertsch, Manfred [Bearb.]; Haeuser, Philipp [Übers.]; Gregorius ⟨Nazianzenus⟩: [Sammlung ⟨dt.⟩]; GT

ISBN 3-466-25035-8

Gesamtherstellung: Kösel, Kempten
Umschlag: Günther Oberhauser, München

Vorwort

Gregor von Nazianz, einem der Großen unter den östlichen Kirchenvätern sowohl hinsichtlich seiner theologischen Bedeutung wie seines überragenden stilistischen Könnens, verdanken wir eine stattliche literarische Hinterlassenschaft, bestehend aus Reden, Briefen und Gedichten. Als es galt, aus dem mannigfachen Schrifttum Gregors eine den Zielsetzungen dieser Reihe entsprechende Auswahl zu treffen, stellte sich mir die Frage, ob ich den Theologen, den Theoretiker, in Gregor berücksichtigen oder – wofür ich mich dann entschied – den Kirchenvater lieber von seiner praktischen Seite zeigen sollte als einen Mann, der sich nicht scheute, in einer von konfessionellen und sozialen Spannungen geprägten Umwelt die Fronten der allgemeinen Verhärtung zu durchbrechen und echte Menschlichkeit in Wort und Tat an den Tag zu legen: in religiösen Belangen, indem er unermüdlich zur Beilegung der Streitigkeiten um die damals so aktuellen trinitarischen Fragen ermahnte; im sozialen, humanitären Bereich, indem er nicht minder engagiert zur Linderung der unvorstellbaren Not der Armen oder wenigstens zu Verständnis für deren Schicksal – namentlich für die vom Schreckgespenst der Lepra Betroffenen – aufrief und hierin mit gutem Beispiel voranging, zumal er selbst hauptsächlich nur deshalb ein Vermögen hatte, um den Armen helfen zu können. Wenn Gregor in seinem Werk auch wiederholt auf die beiden Themenkreise zu sprechen kommt, so schienen mir die Reden 6 und 14 (PG 35,721–752 und 857–909) in der Übersetzung von *Ph. Haeuser* aus dem Jahre 1928 aufgrund der zusammenhängenden Darstellung und Vollständigkeit die geeignetsten Quellen, die eine wie die andere Sache, das kirchenpolitisch-ökumenische und das sozial-karitative Wirken unseres Kirchenvaters, ins Blickfeld zu rücken. Dies als Erklärung für die vorliegende Auswahl. Der »Theologe«, als der Gregor zu seinem eigentlichen Ruhm gelangte, kommt dabei ohnehin zum Zug, weil die Trinitätslehre im Mittelpunkt des Interesses der damaligen Theologie stand und bei jeder möglichen Gelegenheit aufs Tapet gebracht wurde; so ist sie auch in Rede 6 der Angelpunkt der Versöhnungsdiplomatie Gregors.

Der angeschlossene Kommentar beschränkt sich auf das Wichtigste, um den vom Verlag und Herausgeber für die Reihe deutlich gemachten Zielsetzungen zu entsprechen.

Graz 25. Januar 1983 Manfred Kertsch

Inhaltsübersicht über die Texte

Anmerkung zur Lektüre: Das Zeichen * am Rand des Textes verweist jeweils auf eine *Bemerkung zur Übersetzung;* siehe S. 78.

1. Über den Frieden

VI. Rede.

Erste Rede über den Frieden[1]
und zwar mit den Mönchen,
nach Beobachtung des Stillschweigens,
gehalten in Gegenwart des Vaters[2].

1. Meine Gutmütigkeit löst mir die Zunge, und das
Gesetz des Geistes läßt mich über Menschenbräuche *
hinwegsehen. Dem Frieden weihe ich das Wort; nichts
anderem habe ich es zuvor gewidmet[3]. Denn als noch
die Glieder gegen uns in Aufruhr waren und der große,
ehrwürdige Körper Christi uneins und zerrissen war, so *
daß fast „unsere Gebeine im Totenreiche ausgestreckt
dalagen[4]", gleich der Erde, die vom Pfluge tief aufgewühlt
und auf dem Boden ausgebreitet wird, als der
Böse noch das nicht zerschnittene, ungeteilte, vollstän-

---

[1] Vom Frieden handelt auch Rede 22 und 23.

[2] Der Vater des hl. Gregor war durch gewisse Nachgiebigkeit gegen die Arianer Anlaß gewesen, daß die Mönche und ein großer Teil des Volkes die Gemeinschaft mit ihm aufgegeben hatten. Infolge der Bemühungen des Sohnes und da der Vater ein orthodoxes Glaubensbekenntnis ablegte, wurde die Einigung wieder hergestellt, worauf 364 die folgende Rede gehalten wurde.

[3] Während des Aufruhrs beobachtete Gregor in den aktuellen Fragen Stillschweigen.

[4] Ps. 140, 7.

dig gewobene Gewand[1] auftrennte, um es sich ganz zu eigen zu machen, was ihm durch uns, nicht aber durch die, welche Christum gekreuzigt hatten, möglich wurde, da gab ich eine Sperre meiner Zunge[2], die nicht gewöhnt ist, ohne weiteres zu sprechen; denn ich glaubte, ein geordnetes Geistesleben verlange, daß ich zunächst durch die Philosophie der Tat mich reinige, alsdann den Mund des Verstandes öffne, um Geist einzuatmen[3] und schließlich ein gutes Wort zu reden und Gottes vollkommene „Weisheit unter den Vollkommenen zu verkünden[4]". Wie nach dem trefflichen und sehr weisen Ausspruche Salomons[5] jedes Ding, das kleine wie das große, seine Zeit hat, so wußte ich so gut wie ein anderer, daß es auch eine Zeit des Redens und eine Zeit des Schweigens gibt.

2. Deshalb wurde ich stumm; allem Guten ferne gerückt, entsagte ich. Eine Wolke zog sich gleichsam über meine Seele und verhüllte den Strahl meiner Rede. Tag und Nacht lebte mein Schmerz neu auf. Brennende Erinnerungen an die Trennung der Brüder war mir alles[6], waren mir ihre Nachtwachen, ihre Fasten, ihre Gebete, ihre Tränen, die Schwielen an den Füßen, das Schlagen an die Brust, das tiefe Seufzen, die nächtlichen Stationen, das geistige Verweilen bei Gott, das stille Weinen während des Betens, für die Hörer Anlaß zur Verdemütigung, ihre Psalmengesänge, ihre Lobpreisungen, ihr Tag und Nacht dauerndes Betrachten im Gesetze des Herrn, ihre Verherrlichung Gottes. Dazu gehörten auch die folgenden schönen Anzeichen und Äußerungen eines Lebens in Gott: Die schweigenden Führer, das struppige, ungepflegte Haar, die bloßen Füße, welche es den Aposteln nachmachen wollen und nichts Irdisches tragen, die tadellose Tonsur, das Gewand, welches keine Hoffart zuläßt, der Gürtel, dessen Schmuck die Schmucklosigkeit

---

[1] Vgl. Joh. 19, 23.
[2] Vgl. Ps. 38, 2.
[3] Vgl. Ps. 118, 131.
[4] 1 Kor. 2, 6.
[5] Ekkle. 3, 1.
[6] Das Leben der Mönche rief trotz seiner Schönheit und

ist und der das Kleid nur etwas und fast unbemerkbar aufschürzt, der gemessene Schritt, der nicht umherschweifende Blick, das freundliche Lachen bzw. die lächelnden Züge, welche übermäßiges Lachen zurückhalten, die vom Verstand geleiteten Worte, das Schweigen, noch kostbarer als das Reden, das mit Salz gewürzte, nicht schmeichelnde, sondern bessernde Loben, die Zurechtweisung, wünschenswerter als schöne Worte, das ausgleichende Maßhalten im Niedergeschlagensein und Sichgehenlassen, jene Vereinigung von Zartheit und Edelmut, von Strenge und Rücksichtnahme, die keinem schadet, sondern jedem sein gutes Recht läßt, die kluge Abwechslung von Gesellschaft und Zurückgezogenheit, um einesteils den Nächsten zu erziehen, andernteils in die Geheimnisse des Geistes eingeweiht zu werden und *
um einerseits in der Gesellschaft nicht das Individuelle, anderseits in der individuellen Abgeschlossenheit nicht die sozialen Aufgaben zu vergessen, ferner, was noch wichtiger und bedeutender ist, der Reichtum der Armen, *
der Besitz der Fremdlinge, die Ehre der Verachteten, *
die Kraft der Schwachen, der Kindersegen der Ehelosen, *
soferne Gottes Kinder höher stehen als fleischliche Kinder, das Schwelgen im Verzichten, die Erniedrigung um *
des Himmels willen, das Leben auf der Welt, ohne in ihr zu leben, das Wohnen im Fleische, um mit Christus außerhalb des Fleisches zu wohnen, die Armut um des Reiches willen und die Herrlichkeit infolge der Armut.

3. Diese Mönche, mein Reichtum und meine reine Lust, haben mich, solange sie bei uns waren, erfreut, solange sie aber ferne waren, verstimmt. Ihr Handeln hat mich geärgert und aufgeregt. Deshalb ging ich „traurig und finster[1]“ einher. Deshalb verzichtete ich wie auf andere Freuden so auch auf das Reden. Denn die Geliebten schlugen aus[2] und „wandten mir statt des Angesichtes den Rücken zu[3]“ und wurden — um mich eines

---

Erhabenheit, die nun geschildert wird, wegen des Schismas in dem Schriftsteller nur schmerzliche Stimmungen wach.

[1] Ps. 34, 14.

[2] Vgl. Deut. 32, 15.

[3] Jer. 2, 27.

stärkeren Ausdruckes zu bedienen — eine Herde, die freier war als ihr Hirte. Der wahre Weinstock, der von tüchtigem Winzer aufs beste gereinigt worden war und sein herrliches Erträgnis an die göttlichen Keltern abgeliefert hatte, verwandelte sich mir in Bitterkeit. „Meine Freunde und Verwandten kamen und traten wider mich auf und die, welche mir zunächst gewesen waren, blieben ferne von mir stehen[1]". Wir, die wir so sehr Gott und Christus liebten, haben Christus geteilt. Um der Wahrheit willen haben wir einander belogen, um der Liebe willen haben wir Haß gesonnen, wegen des Ecksteines haben wir uns entzweit, und wegen des Felsens ließen wir uns erschüttern. Mehr, als recht war, haben wir um des Friedens willen Krieg geführt, um dessen willen, der am Kreuze erhöht wurde, sind wir gefallen, und wegen dessen, der begraben wurde und auferstand, haben wir uns getötet.

4. Zunächst folgendes! Warum soll man an heiteren Tagen Widerwärtigkeiten auffrischen und in Trauer verweilen? Man soll sie vielmehr verwünschen und es meiden, sich daran zu erinnern. Statt darüber zu sprechen, * wollen wir lieber darüber schweigen und das Unheil in die Tiefen des Vergessens versenken. Nur aus dem einen Grunde könnte man die Erinnerung an das Leid wachrufen, damit wir nämlich durch Erfahrung klug werden * und wie der genesene Kranke das meiden, was uns ins Leid gestürzt hat. Da nunmehr „Leid, Schmerz und Kla- * gen schwanden[2]", da wir, die Kinder des Einen, eins wurden, wir als Kinder der Dreieinigkeit Natur, Geist und Ehre teilten, als Kinder des Logos die Torheit ablegten, als Kinder des Geistes nicht gegen-, sondern miteinander erglühten, als Kinder der Wahrheit e i n e s Sinnes und e i n e r Rede wurden, als Kinder der Weisheit Verstand annahmen, als Kinder des Lichtes „ehrbar wie am Tage wandelten[3]", als Kinder des Weges gemeinsam den geraden Weg gingen, als Kinder der Türe alle im Innern blieben, als Kinder des Lammes und

---

[1] Ps. 37, 12.
[2] Is. 35, 10.
[3] Röm. 13, 13.

des Hirten[1] sanft wurden und in e i n e n Stall und unter e i n e n Hirten traten, welcher nicht „in der Ausrüstung eines ungeschickten Hirten[2]" weidet, die Herde nicht der Weide beraubt und sie nicht Wölfen und Abgründen überläßt, sondern sehr umsichtig und verständig ist, da wir ferner als Kinder dessen, der für uns gelitten hat, * Mitleid zeigten und einander die Lasten trugen, als Kinder des Hauptes zu einem einzigen, organischen, einheitlichen Körper wurden, wie es die Vereinigung im Geiste erforderte, da der, welcher alles macht und zum besten lenkt, uns den Schmerz in Freude verwandelte und das Bußkleid mit Wonne vertauschte[3], nehme ich von Vergangenheit und Schweigen Abschied, weihe ich mich der Gegenwart und meine Rede euch, bzw. Gott, um ihm * zu danken und ihm ein gebührendes Opfer zu bringen, ein Geschenk, das reiner ist als Gold, wertvoller als Edelsteine, kostbarer als Gewebe, würdiger als das Opfer des (mosaischen) Gesetzes, heiliger als das Opfer der Erstgeburt, Gott wohlgefälliger als ein junges Rind[4] mit noch nicht entwickelten Hörnern, Klauen und Sinnen, wohlgefälliger als Rauchopfer, als Brandopfer, als Tausende von fetten Widdern — Opfer, durch welche das als Vorschule dienende Gesetz[5] das noch unmündige Israel festhielt, durch die blutigen Opfer das kommende Opfer schattenhaft andeutend.

5. Gott opfere ich, ihm weihe ich, was allein mir noch übriggeblieben ist, worin allein ich reich bin. Alles andere nämlich habe ich für das Gebot[6] und für den Geist hingegeben. Die kostbare Perle habe ich gegen alles, was ich je besaß, eingetauscht[7]; ich wurde zum Großhändler, vielmehr, ich habe den Wunsch, der Großhändler zu werden, welcher um geringe, vollständig ver-

---

[1] Zur Bezeichnung Jesu als Türe, Weg, Lamm, Hirte vgl. Cyrill v. Jer. Kat. 10, 3.

[2] Zach. 11, 15.

[3] Vgl. Ps. 29, 12.

[4] Vgl. Ps. 68, 32.

[5] *ὁ στειχειόδης νόμος.* Vgl. Gal. 4, 3. 9.

[6] Vgl. Matth. 19, 21.

[7] Ebd. 13, 45 f.

gängliche Werte die großen, unzerstörbaren Schätze gekauft hat. Als Diener des Wortes halte ich mich nur noch an das Wort[1]. Niemals dürfte ich mit Überlegung diesen Besitz vernachlässigen. Ja ich schätze ihn, liebe ihn und freue mich darüber mehr als über alle anderen Schätze zusammen, an denen die Masse ihre Freude hat. Das
* Wort nehme ich zum Begleiter in meinem ganzen Leben, zum guten Ratgeber, zum Genossen, zum Führer auf dem Wege in den Himmel, zum willigen Kriegskameraden. Da ich alle Freuden dieser Welt verachte, gehört nach Gott dem Worte alle meine Liebe. In höherem Grade aber gehört sie Gott; denn durch den Verstand führt das Wort zu Gott, der nur mittels des Wortes richtig
* erfaßt und festgehalten wird und in uns hineinwächst. Ich sagte der Weisheit, sie sei meine Schwester[2]. Ich
* ehrte sie und erhob sie so hoch wie möglich. Für mein
* Haupt wünsche ich den Kranz der Anmut und Freude,
* d. i. die Gabe der Weisheit und des Verstandes, der die seelische Kraft, die uns führen soll, erleuchtet und die göttlichen Wege erhellt.

6. Mit dem Worte bändige ich die Ausgelassenheit,
* beruhige ich den verzehrenden Neid, stille ich den das Herz einschnürenden Schmerz, mäßige ich die Sinneslust, schränke ich den Haß, nicht aber die Liebe ein; denn der Haß braucht seine Schranken, die Liebe aber darf keine Grenzen kennen. Das Wort macht mich im
* Reichtum mäßig, in der Armut hochherzig. Es überredet mich, mit guten Läufern zu laufen und dem Fallenden die Hand zu reichen, mit dem Kranken zu leiden und mich mit dem Gesunden zu freuen. Begleitet mich
* das Wort, dann ist mir Vaterland und Fremde ein und dasselbe, und örtliche Veränderungen in der Fremde sind mir egal, nicht allerdings eine Verbannung aus der Heimat. Das Wort trennt mir die Welten; es entfremdet mich der einen und befreundet mich der anderen. Mit der Peitsche der Gerechtigkeit in der Rechten treibt

---

[1] λόγος wird von Gregor auch hier und im folgenden im Sinne von Rede, Verstand, Weisheit und Logos gebraucht.

[2] Sprichw. 7, 4.

mich das Wort, wenn ich mich nicht aufraffe, weiter[1] und spannt noch die Hoffnung, die nicht zuschanden werden läßt, vor, um die Gegenwart durch die Zukunft zu erleichtern. Nunmehr begrüße ich durch das Wort meine Freunde und Brüder und bereite ihnen den Tisch * des Logos und den nie sich leerenden Becher des Geistes, welche man nicht an irdischen Tafeln, die einen entkräfteten, unheilbaren Magen kitzeln, kennt.

7. „Ich schwieg. Soll ich immer schweigen? Ich wartete wie eine Gebärende. Soll ich immer warten[2]?" Die Geburt des Johannes löste Zacharias das Schweigen; denn nicht hätte es sich geziemt, daß der Vater der „Stimme[3]" bei ihrem Erscheinen geschwiegen hätte. Wie die Stimme, da sie nicht geglaubt wurde, die Zunge gelähmt hatte, so mußte sie nach ihrer Offenbarung dem Vater die Freiheit geben, dem die Stimme und der * Leuchter als Vorläufer des Wortes und Lichtes verkündet und geboren worden war. Die günstigen Verhältnisse der Gegenwart, dieses herrlichste Schauspiel, die Einigung der zerstreuten Gotteskinder, die unter den gleichen Flügeln ruhen und einmütig in schöner, geistiger Eintracht das Haus Gottes betreten, lösen mir die Zunge und stärken meine Stimme gleich der einer Trompete. Nicht mehr bekämpfen wir uns, nicht mehr lassen wir uns vom Bösen so sehr täuschen und vergewaltigen und in der Finsternis, die er über uns gebracht hatte, in einer * Weise seelisch niederringen, daß wir uns gewissermaßen am Unglück des Nächsten freuen und am Untergang der * Brüder keinen Schaden für das Ganze erblicken. „Juda * und Israel bestellen sich ein einziges Oberhaupt[4]", und Jerusalem und Samaria vereinigen sich im einen himm- * lischen Jerusalem. Nicht mehr gibt es eine Partei des Paulus, eine Partei des Apollo, eine Partei des Kephas[5];

---

[1] Hier sind in den Texten noch die Worte beigefügt: κἂν τοῖς ἀριστεροῖς καὶ τραχυτέροις συμφιλοσοφεῖ.

[2] Is. 42, 14.

[3] Mark. 1, 3.

[4] Osee 1, 11.

[5] Vgl. 1 Kor. 3, 4 ff.

Hochmut war es, der dafür und dagegen aufgetreten war. Wir sind doch alle Kinder Christi.

8. Nachdem ihr mich, wenn auch nicht wider meinen Willen, durch eure Liebe bezwungen habt und ich und das Wort bei euch sind, will ich eurem Wunsche gemäß sprechen, obwohl es mir Mühe kostet. Ich will Worte des Dankes und der Belehrung sprechen. Dies sind meine Dankesworte: „Wer wird von der Herrlichkeit des Herrn erzählen[1]?" Wer wird allen Ohren das allseitig begründete Lob verkünden? Denn „aus zweien ist eins geworden und die trennende Zwischenwand ist niedergerissen[2]." Denn du hast es gefügt, daß wir nicht mehr zum Gespötte der Heiden dienen, daß nicht mehr die Völker über uns das Haupt schütteln[3]. Solange hast du uns gezüchtigt, bis wir in unserer Uneinigkeit die Wohltat des Friedens erkannten; nachdem du uns hattest den Schmerz fühlen lassen, hast du uns wiederhergestellt. Wunderbare Wege der Heilung! Du sorgtest dafür, daß wir möglichst bald den Haß haßten, und führtest uns so zum Frieden. Durch Gegensätze wirktest du. Du trenntest uns, damit wir um so sehnsüchtiger einander aufsuchten. Wenn Pflanzen gewaltsam von Menschenhänden abgebogen werden und dann wieder sich selbst überlassen bleiben, nehmen sie rasch wieder ihre alte Form ein; können sie, zuerst gewaltsam abgebogen, sich dann wieder frei aufrichten, so geben sie ihre Eigentümlichkeit zu erkennen. Nicht mehr verachtet die Hand das Auge, nicht mehr das Auge die Hand. Nicht mehr erhebt sich der Kopf wider die Füße, noch verkennen die Füße den Kopf. Nicht bringen oder vielmehr nehmen Schaden die Glieder durch Auflehnung und Widersetzlichkeit, welche den ganzen Körper vernichten und zerstören. In gleicher Weise sorgen die Glieder füreinander durch die vom Naturgesetz geforderte Unterordnung, welche alle Glieder gegenseitig zusammenfügt und erhält. Wir sind „e i n Körper und e i n Geist, da wir gerufen sind durch die eine Hoffnung der Berufung[4]".

---

[1] Ps. 105, 2. [2] Eph. 2, 14.
[3] Vgl. Ps. 43, 15. [4] Eph. 4, 4.

9. Daher soll das arme Volk, welches aus Not zu Reichtum gelangt ist, dich loben! Denn wunderbar hast du dich unser erbarmt, und zu den Berichten der Alten fügen sich neue Erzählungen. „Wo die Sünde groß war, wurde die Gnade übergroß[1]." Da ich Samen säete, erhielt ich Ähren; als ich wegen meiner Schafe weinte, erhielt ich sie und dazu noch Hirten. Wie ich wohl weiß, werde ich den würdigsten der Hirten haben, wenn er auch noch aus seelischen Gründen mit der Übernahme des Hirtenamtes zögert. Der Geist, das Wirken mit den Talenten, die Sorge für die Herde ist ihm anvertraut. Er ist mit dem Chrisma des Priestertums und der Vollendung gesalbt. Aus Weisheit schiebt er aber noch den Antritt des Amtes hinaus und stellt noch das Licht unter den Scheffel, das er aber bald auf den Leuchter stecken wird[2]. Die ganze Seele der Kirche wird er erleuchten; auf unseren Wegen wird er ein Licht sein. Er durchforscht Wälder, Berge und Flüsse und legt den die Seelen raubenden Wölfen Netze, um zur rechten Zeit den Hirtenstab zu erlangen und zugleich mit dem wahren Hirten diese geistige Herde zu weiden, indem er sie unter seinen ewig grünen Worten auf Wiesenplätzen lagern läßt und mit erfrischendem Wasser, d. i. dem Geiste tränkt[3]. Dies hoffen und wünschen wir. Nunmehr aber ist es Zeit, dem Danke auch die Mahnung beizufügen. Ich will sie möglichst kurz machen; denn größtenteils haben auch schon die Tatsachen belehrt, und, wer aus der Erfahrung klug geworden ist, bedarf nicht langer Lehren.

10. Zunächst hätte, Brüder, die Trennung unterbleiben und unser alter Ruhm und Stolz nicht verlorengehen sollen, welcher unsere, wenn auch kleine, nicht einmal recht nennenswerte Herde den größten und ausgedehntesten hatte an die Seite treten lassen; ich hatte sie sogar manchen Herden wegen ihrer Geisteskraft vorgezogen. Während sich andere Herden dieses oder jenes kleineren oder größeren Vorzuges hatten erfreuen kön-

---

[1] Röm. 5, 20.
[2] Vgl. Matth. 5, 15.
[3] Vgl. Ps. 22, 2.

nen, war es tatsächlich eine besondere Eigenart unserer Herde gewesen, sich nicht zu spalten und nicht zu revoltieren, so daß sie oft als Arche Noes bezeichnet worden war, da sie allein der Sintflut der ganzen Welt entgangen war und die Samen der Frömmigkeit auf ihr noch erhalten hatte. Nachdem sich aber nun unsere Menschlichkeit gezeigt hat, wir nicht vollständig dem Neide des Bösen entronnen sind und nicht der alles beherrschenden Krankheit getrotzt haben, wir vielmehr durch Beteiligung an dem allgemeinen Elende das schöne * und väterliche Erbe, das Gut der Eintracht, schließlich haben verlorengehen lassen, haben wir gleichwohl noch die anderen — wenn man sich bezüglich seiner Feindschaft im Vertrauen auf Christus rühmen darf — nicht wenig dadurch übertroffen, daß wir zuletzt gesunken, * aber auch zuerst aufgestanden sind. Zu erkranken ist das gemeinsame Schicksal der Natur und ergibt sich aus der menschlichen Schwäche, die allen anhaftet, selbst denen, die körperlich und geistig sehr kräftig sind. Sich aber heilen zu lassen und wieder den Weg zum Nächsten zurückfinden, ist das Zeichen des Verstandes und der Gnade, welche gut und recht und über unsere Wünsche und die Hoffnungen der anderen hinaus für uns entschieden hat.

11. In Gnaden haben wir die Häupter aufgenommen, welche bereit waren, sich köpfen zu lassen, und den Schein erweckt hatten, als wären sie aus religiösen Gründen und, um der bedrohten Orthodoxie zu helfen, abgeschlagen worden. Nicht wie Feinde haben wir sie * abgewiesen, sondern wir haben sie wie Brüder, die sich wegen eines väterlichen Erbes brüderlich, nicht böswillig etwas aufgeregt hatten, umarmt. Nicht haben wir sie wegen ihrer feindlichen Absonderung belobt, doch wegen ihres Eifers haben wir uns ihrer angenommen. * Eine Zwistigkeit aus religiösen Gründen ist noch besser als sündhafter Friede. Trotz ihrer Separation kamen wir ihnen daher entgegen, überwanden ihre Abneigung gegen uns durch Liebe und ließen wider die Ordnung statt auf die Wahl die Weihe, auf die Weihe die Wahl folgen, fremden Händen das Recht der Weihe lassend; der

Geist war uns gewissermaßen etwas zuvorgekommen[1].
Ohne an den Buchstaben (des Gesetzes) zu denken, seid
ihr zum Geiste geeilt. Euch an den Schein der Worte
haltend, gabt ihr uns zwar nicht das Lob der Tadel- *
losigkeit, vermutetet aber auch nicht Gottlosigkeit. Ihr
wußtet ja, daß wir an der Trinität unerschütterlich fest-
halten und nichts von ihrem Wesen aufgeben, und daß
etwas von der Trinität wegnehmen oder entfernen uns *
so viel ist als sie vollständig leugnen und mit entblößtem
Haupte gegen die Gotteslehre überhaupt losziehen. Auch
während der Trennung traten wir gelegentlich da und
dort für sie ein, was der deutlichste Beweis dafür ist,
daß die Wahrheit auch nicht durch die Zeitverhältnisse
beeinträchtigt wurde und daß der Kampf unsere Liebe
keineswegs ersticken konnte. Trotz des Aufstandes blieb
uns die Hauptsache, die Einheit des Glaubens und Den-
kens. Denn in Fragen der Wahrheit zogen wir nicht
uneins an verschiedenen Stricken; die gleiche Gestal-
tungskraft des Glaubens und unserer alten Hoffnung
formte uns.

12. Gerade die gleiche Gotteslehre ist es, welche
die wahren Gotteskinder zu einen vermag, während *
nichts so sehr Trennungen begünstigt, wie verschiedene
Anschauungen über Gott. Mag einer in anderen Fragen
noch so sehr seine Würde bewahren, wenn es sich aber
um theologische handelt, wird er hitzig. Der Sanftmütige
wird tatsächlich streitsüchtig[2], wenn er sieht, wie er
durch Gottes Langmut benachteiligt wird; eigentlich *
allerdings benachteiligt er durch sein Fallen Gott, der
doch reich ist für uns und uns reich macht. Wie schon *
gesagt, bewahrten wir trotz der Spaltung so viel Ruhe,
daß mehr das Einigende als das Trennende zutage
trat und das, was unter uns bestand, gegenüber dem
Guten und Rechten, das uns umgab, verschwinden
mußte. Da Friedensbereitschaft allein noch nicht zur
Herstellung der Ordnung genügt, da auch das Wort mit
eingreifen, und Gott, der alles Gute beginnen läßt und

---

[1] Der Vater des hl. Gregor hatte die während des Schismas geweihten Priester nachträglich bestätigt.

[2] Vgl. Joel 3, 11.

zu Ende führt, helfen muß, so wollen wir durch Gebete und durch Aufklärungen dem Frieden Kraft und Dauer * verleihen. Erwägen wir vor allem, daß Gott das schönste und höchste der Wesen ist, sofern nicht einer Gott noch über das Wesen erheben oder alles Sein in ihn, der es den Geschöpfen gegeben hat, verlegen will. Sodann ist all das, was zunächst aus Gott ist und Gott umgibt, nämlich die englischen und himmlischen Kräfte, welche zuerst vom ersten Lichte empfangen und welche vom Worte der Wahrheit durchdrungen werden, Licht und Abglanz des vollkommenen Lichtes. Nicht zu streiten * und sich nicht zu widersetzen, ist ihnen vor allem eigen. In Gott gibt es nämlich keine Auflehnung, da es in ihm keine Zerstörung gibt; denn Auflehnung gebiert Zerstörung. Eintracht ist Gott und dem, was zunächst von Gott ist, so sehr eigen, daß Gott nebst den übrigen und vor den übrigen Namen, deren er sich erfreut, auch mit diesem Vorzug bezeichnet wird. Gott läßt sich Friede, Liebe u. dgl. nennen, um uns durch diese Bezeichnungen zu mahnen, diesen seinen Vorzügen nachzustreben.

13. Derjenige Engel, welcher kühn sich widersetzt * und über seine Stellung hinaus mit trotzigem Nacken wider den allmächtigen Herrn erhoben und, wie der Prophet sagte[1], nach dem Sitz über den Wolken verlangt hatte, wurde seiner Torheit entsprechend bestraft. Er wurde verurteilt, statt Licht Finsternis zu sein, bzw. — um mich richtiger auszudrücken — er machte sich selbst zur Finsternis. Die übrigen Engel blieben in ihrer Würde und erfreuten sich darin vor allem des Friedens und der Ruhe, da die gepriesene, heilige Trinität ihnen Einheit und Erleuchtung verliehen hatte. Denn die Trinität selbst ist e i n Gott und wird als e i n Gott geglaubt, da sie sowohl eins ist im Denken, wie gleich in ihrem Wesen. * Daher treten Gott und dem Göttlichen alle diejenigen nahe, welche offen und ehrlich das Gut des Friedens begrüßen, dagegen Auflehnung hassen und verabscheuen. * Zur Gegenpartei aber gehören alle jene, welche Streit suchen, durch Neuerungen Ruhm ernten wollen und stolz auf ihre Schande sind. Der Satan steht im Streit

---

[1] Is. 14, 14.

mit sich selbst und wirkt als Menschenmörder von Anbeginn und als Feind des Guten durch Zerrissenheit und Leidenschaften auch in anderen Streit, um im Dunkeln, in der Finsternis der Auflehnung sich verbergend, den einen Leib der Kirche niederzustrecken. Auch an den einzelnen macht er sich wohl oftmals listig und schlau heran und öffnet sich geschickt in uns ein Plätzchen, um dann vollständig einzubrechen wie ein kühner Krieger in eine Mauerbresche oder eine Heereslücke.

14. Gott und die göttlichen Eigenschaften nachzuahmen, ist erste Pflicht; es führt notwendig zur Einheit in Wort und Gesinnung. Die nach Gottes Bild erschaffene Seele braucht nur auf die göttlichen Eigenschaften zu achten, um, wenn ihr Wille darauf gerichtet ist, mit Sicherheit durch die Verähnlichung das mögliche zu erreichen und ihre Würde recht zu wahren. Sodann wollen wir, ein göttliches Wort befolgend[1], zum Himmel hinauf- und auf die Erde hinabschauen, um die Gesetze der Schöpfung zu lernen. Solange der Himmel, die Erde, das Meer, diese ganze Schöpfung, das große, angestaunte Werk Gottes, welches schweigend Gott verkündet und offenbart, in sich Ruhe und Friede bewahrt, in seinen eigenen natürlichen Grenzen bleibt, sich nicht auflehnt und nicht die friedlichen Schranken überschreitet, durch die das schöpferische Wort das Weltall zusammenhält, ist es, was es genannt wird, ein Kosmos, etwas unfaßbar Schönes, das Glänzendste und Großartigste, das jemals ersonnen werden konnte. Sobald es aber aufhört, Friede zu haben, hört es auf, ein Kosmos zu sein. Oder merkst du es nicht, wie der Himmel, da er gefügig an die Luft von seinem Lichte und an die Erde von seinem Regen mitteilt, vom Gesetze der Eintracht beherrscht wird, oder wie dadurch, daß die Erde allen Lebewesen Nahrung, die Luft ihnen Atmen ermöglicht, sie ihnen das Leben erhält und die Elternliebe nachahmt?

15. Merkst du nicht, wie die Jahreszeiten dadurch, daß sie sorgfältig ineinander geordnet sind, sich langsam ablösen und durch Zwischenzeiten die Extreme verhin-

[1] Vgl. Sprichw. 25, 3.

dern, rauh aneinander zu stoßen, friedlich und geschickt wie der Freude, so dem Bedürfnisse dienen? Tag und Nacht stehen sich gleichwertig gegenüber und lösen sich ruhig ab, um uns zur Arbeit anzutreiben, bzw. Erholung zu gönnen. In Ordnung kommen und gehen Sonne und Mond und die Sterne in ihrer Pracht und Zahl. Meer und Land, die sanft ineinander greifen und gütig einander geben, um voneinander zu empfangen, ernähren liebevoll den Menschen und bieten ihm reichlich im Wetteifer ihre Schätze. Die Flüsse, welche zwischen den Bergen und über den Ebenen dahinziehen, treten nicht aus, es sei denn, um wohlzutun, und wenden sich nicht gegen das Land, es zu überschwemmen. Die Stoffe mischen und mengen sich zur Ordnung und Harmonie der Teile. Die Tiere finden ihre Nahrung, sie pflanzen sich fort; jedes hat seine eigene Behausung. Die einen haben Gewalt über uns, über die anderen haben wir die Gewalt; die einen sind uns untertan, die anderen bleiben unabhängig. Da demnach die ganze Schöpfung nach den Grundsätzen der Harmonie durch Zusammenfließen oder Zusammenhauchen gelenkt und geleitet wird, will sie doch nur Liebe und Einigkeit den Menschen verkünden und sie zur Eintracht auffordern.

16. Wenn jedoch die Stoffe sich wider sich selbst erheben, außer Ordnung geraten und durch Auflehnung nach Auflösung streben oder wenn Gott, zum Schrecken und zur Strafe der Sünder, etwas von der Harmonie aufhebt, wenn das Meer austritt, die Erde erbebt, außerordentliche Regengüsse niederstürzen, die Sonne sich verfinstert, eine Jahreszeit ausartet oder Feuer ausbrechen, dann wird aus dem Kosmos Unordnung und alles von Schrecken erfüllt, dann lernt der Mensch das Gut des Friedens in dieser Revolution kennen. Übergehen will ich, daß Völker, Städte, Reiche, ferner Chöre, Heere, Familien, Schiffsgesellschaften, Ehen, Genossenschaften durch Frieden zusammengehalten, durch Auflehnung aufgelöst werden. Verweisen will ich aber noch auf Israel, seine Leiden, seine Zerstreuung und seine Irrfahrten, welche es jetzt zu machen hat und welche nach seinen Prophetenschriften noch lange dauern wer-

den. Wenn ich euch genau unterrichtet habe, will ich *
euch nach der Ursache des Schicksals fragen, damit
wir aus den Leiden Fremder für uns Einigkeit lernen.

17. Wurden nicht die Israeliten, solange sie in
Ägypten wie in einem eisernen Ofen bedrängt und von
gemeinsamer Not zusammengehalten waren und daher
— die Not ist ja bisweilen ein vorzügliches Heilmittel —
unter sich und mit Gott in Frieden lebten, als „heiliges
Volk, Anteil des Herrn, königliches Priestertum[1]" be-
zeichnet? Ihre Geschichte machte auch der Bezeichnung
Ehre. Sie standen nämlich unter gottgeleiteten Führern.
Bei Nacht wies ihnen eine Feuersäule, bei Tag eine
Wolke den Weg. Auf ihrer Flucht wich das Meer vor
ihnen zurück. Da sie Hunger litten, reichte ihnen der
Himmel Speise; da sie dürsteten, tränkte sie ein Fels.
Menn (Moses) im Kampfe die Hände ausstreckte[2], war
es, wie wenn Tausende zu Felde zögen; durch sein Ge-
bet wirkte er Sieg und ermöglichte er den Vormarsch.
Um es dem verwandten Meere nachzumachen, wichen *
vor Israel die Flüsse[3] zurück; die Natur machte Halt.
Durch Trompeten wurden Mauern eingestürzt. Soll ich *
noch erzählen von den Heimsuchungen der Ägypter, von
der Stimme Gottes auf dem Berge, von der zweimaligen
Übergabe des Gesetzes, von dem geschriebenen Gesetze
und dem Gesetze des Geistes, und von den übrigen Aus-
zeichnungen, welche Israel dereinst wider sein Ver-
dienst erfahren hatte? Doch als die Israeliten an-
fingen, krank zu werden, gegen sich selbst wüteten
und sich vielfach spalteten, als sie, den im Menschen
wohnenden Gott nicht erkennend, in ihrem törichten *
Handeln wider Gott und unseren Erlöser durch
das Kreuz ins letzte Verderben gestürzt wurden
und die längst angedrohte eiserne Rute auf sich lenkten,
nämlich die jetzige siegreiche Macht und Herrschaft,
was geschah da? Was mußten sie da über sich ergehen
lassen?

---

[1] Vgl. Exod. 19, 6. Petr. 2, 9.

[2] Exod. 17, 8 ff.

[3] Dichterisch wird hier der Plural statt des Singulars gebraucht.

18. Jeremias klagt über ihre früheren Leiden und weint über die babylonische Gefangenschaft. Ihr Schicksal war auch tatsächlich der Klagen und Tränen wert. Wahrlich, überaus schmerzlich war das Einreißen der Mauern, die Vernichtung der Stadt, welche dem Erdboden gleichgemacht worden war, die Zerstörung des Tempels, der Raub der Weihgeschenke, der Frevel der Füße, welche geweihte Stätte betraten, der Frevel der Hände, welche mit Gefäßen schwelgten, die sie nicht hätten berühren dürfen, ferner das Schweigen der Propheten, der Abtransport der Priester, die schonungslose Behandlung der Greise, die Schändung der Jungfrauen, der Zusammenbruch der Jugend, das unheilige, feindliche Feuer und die Ströme von Blut, welche das heilige Feuer und das heilige Blut ersetzt hatten, die Fortschleppung der Nazaräer, die Verdrängung der Hymnen durch Klagelieder. Nur einige wenige Worte aus den Klageliedern des Jeremias will ich anführen. Er spricht von den „werten Söhnen Sions, welche mit Gold aufgewogen wurden[1]" und welche zart und sündelos den Weg der Fremde gingen, von den „Wegen Sions, welche trauern, da niemand mehr zum Feste kommt[2]", und kurz zuvor von den Händen weichherziger Frauen", welche zur Zeit der Belagerung ihren Kindern nicht Nahrung reichen, sondern sie zerreißen, um sie zu genießen, und mit ihren Liebsten ihren Hunger befriedigen[3]. Sind diese Verhältnisse nicht schrecklich, ja mehr als schrecklich, nicht nur für die, welche sie damals erlebten, sondern auch für die, welche jetzt davon hören? Sooft ich diese Schrift zur Hand nehme und in den Klageliedern lese, was immer geschieht, wenn ich an Tagen irdischen Glükkes ein Exerzitienbüchlein benützen will, da erstickt mir die Stimme und werde ich zu Tränen gerührt, da sehe ich das Elend gleichsam vor meinen Augen und klage ich mit dem klagenden Jeremias. Wer von denen, die Klagelieder zu schreiben verstehen und Leid in Worten auszudrücken vermögen, wird nach Gebühr klagen über

---

[1] Klagel. 4, 2.
[2] Ebd. 1, 4.
[3] Ebd. 4, 10.

die letzte Heimsuchung und Zerstreuung der Israeliten,
über das ihnen jetzt auferlegte Joch der Knechtschaft,
über ihre bekannte Erniedrigung unter die Römer, die
sie vor allem ihrem revolutionärem Geiste zu verdanken
haben? Welche Bücher könnten dies Leid fassen? Einem
Marterl, auf das ihre Schicksale aufgezeichnet sind, *
gleicht der ganze Erdkreis, über den sie zerstreut sind,
die verlassene Kultstätte, der kaum mehr erkennbare
Boden Jerusalems, das sie nur auf einen Tag betreten
dürfen[1], wenn sie sich in der Erinnerung an vergangene
Herrlichkeit freuen und die wüste Stätte beweinen
wollen.

19. Ist schon Auflehnung schrecklich und Ursache
solcher Leiden, wie sie die Ausführungen gezeigt haben
und wie sie noch mehr Beispiele lehren könnten, so ist
es noch viel schrecklicher, wenn man, nachdem man
bereits aus kleinlichem Sinn sich erhoben und die Schön-
heiten des Friedens gekostet hat, wiederum in die alte
Krankheit zurückfällt und sozusagen zu dem zurück-
kehrt, was man ausgespien hat, und nicht einmal durch
Erfahrungen, welche Toren belehren, zur Vernunft ge-
langt. Ich merke nämlich, daß nicht diejenigen als leicht- *
fertig und töricht gelten, welche in einem Fehler ver-
harren, sondern die, welche ohne weiteres sich bald
dahin, bald dorthin drehen und wenden wie der unstete
Wind oder die Strömungen der Meerengen oder die
wechselnden Wogen des Meeres. Ich mache auch die
Wahrnehmung, daß gerade die Hoffnung, sich wieder *
zu versöhnen, diejenigen, welche im Aufstand verharren,
ermuntert und ihnen meist ihr Schicksal erleichtert; die
größte Linderung in der Not ist ja die Hoffnung auf *
Änderung und die Aussicht auf eine bessere Zukunft.
Doch die, welche sich oftmals versöhnen, um immer
wieder in ihre Sünden zurückzufallen, berauben sich
u. a. auch der Hoffnung auf bessere Verhältnisse. Sie
haben vor der Versöhnung ebenso Respekt wie vor der
Revolution und setzen weder auf diese noch auf jene
ihr Vertrauen; überall wollen sie sein und nicht sein. *

[1] Vgl. Eusebius, Kirchengeschichte IV. 6, 3 (Ausgabe von E. Schwartz S. 128).

20. Man möge nicht glauben, daß ich jeden Frieden empfehle! Ich weiß, es gibt eine Auflehnung, die sehr gut ist, und eine Versöhnung, die sehr schädlich ist. Ich empfehle einen Frieden, der gut ist, um des Guten willen geschlossen wird und mit Gott verbindet. Soll ich mich kurz aussprechen, meine Meinung ist: Man soll weder übermäßig kalt, noch übermäßig warm sein, man soll also weder allen kriechend nachgeben, noch sich von allen erbittert abwenden. Kälte ist untätig, Kriecherei sozial wertlos. Wo Bosheit offenkundig ist, ist es besser, mit Feuer und Schwert, mit Geschick und Macht und auf alle mögliche Weise vorzugehen, als am Sauerteig der Bosheit teilzunehmen und mit den Bösewichtern gemeinsame Sache zu machen; gar nichts ist so sehr zu fürchten, als daß man etwas noch mehr als Gott fürchte und daß man also, während man der Wahrheit dient, Glaube und Wahrheit verrät. Wo aber in einem kritischen Falle Verdacht und Furcht sich nicht begründen lassen, da ist Langmut besser als Voreiligkeit und gütiges Herablassen besser als Trotz, da ist es auch viel vorteilhafter und nützlicher, im gemeinsamen Körper zu verbleiben und sich als Glieder gegenseitig aufzurichten, als durch Abfall sich voreingenommen zu zeigen, durch Trennung das Vertrauen zu lösen und dann statt brüderlich nach Tyrannenart das Gute zu kommandieren.

21. In solcher Erkenntnis wollen wir, Brüder, einander herzlich umarmen, aufrichtig eins sein und den nachahmen, der „die trennende Scheidewand niedergerissen[1]“ und durch sein Blut alles verbunden und friedlich geeint hat[2]. Zu unserem gemeinsamen Vater, dem ehrwürdigen Greis, dem sanften und gütigen Hirten[3] wollen wir sagen: Siehst du den Lohn deiner Würde? Schaue um dich und blicke auf deine Söhne, welche dir zugeführt worden sind, wie du gewünscht hattest und was dein einziges Gebet bei Tag und bei Nacht gewesen war, um in glücklichem Alter die Pilgerschaft beschließen zu

---

[1] Eph. 2, 14.
[2] Vgl. Kol. 1, 20.
[3] D. i. dem Vater des hl. Gregor.

können! Sieh, alle sind zu dir gekommen und ruhen
unter deinen Fittichen! Sie reihen sich um ihren Altar.
Unter Tränen weilten sie ferne von ihm, mit Freuden
sind sie zu ihm zurückgekehrt. Freue dich und froh-
locke, bester Vater und Kinderfreund, denn wie die *
Braut mit dem Schmuck hast du dich mit ihnen allen *
gekleidet und umgeben! Rufe auch du uns zu: „Siehe,
da bin ich, und hier sind die Kinder, welche mir Gott ge-
geben hat[1]!" Füge auch noch das andere, sehr passende
Herrenwort bei: „Die du mir gegeben hast, habe ich
bewahrt und keines von ihnen habe ich verloren[2]!"

22. Niemand möge verlorengehen! Wir wollen alle
beisammenbleiben „in e i n e m Geiste, einmütig kämp-
fend im Glauben an das Evangelium[3]", einträchtig, eines
Sinnes, bewaffnet „mit dem Schilde des Glaubens[4]", die
Lenden mit Wahrheit umgürtet, geschult nur in dem *
Kampfe gegen den Bösen und seine Scharen, ohne Furcht
vor denen, „welche den Körper töten können, der Seele
aber nichts anzuhaben vermögen[5]", fürchtend aber den, der
Herr ist über die Seele und über den Leib, „wohlbewah-
rend die herrliche Tradition[6]", welche wir von den Vätern *
ererbt haben. Anbetend wollen wir niederfallen vor dem
Vater, dem Sohne und dem Heiligen Geiste, im Sohne
den Geist erkennend. Auf sie sind wir getauft worden,
an sie haben wir geglaubt, auf sie sind wir verpflichtet
worden, sie trennend, ehe wir sie einigen, und sie eini- *
gend, ehe wir sie trennen, ohne aber die Drei zu Einem zu
machen. Sie sind nämlich nicht ohne Hypostasen, haben
auch nicht nur eine einzige Hypostase, so daß ihr Reich-
tum für uns nur in den Namen, nicht aber in der Wirk- *
lichkeit bestünde und die Drei nur Eins wären. Eins
sind sie nämlich nicht in der Hypostase, sondern in der
Gottheit. In der Dreiheit wird die Gottheit angebetet,
und die Dreiheit wird in der Einheit zusammengefaßt.

---

[1] Is. 8, 18.
[2] Joh. 17, 12.
[3] Phil. 1, 27.
[4] Eph. 6, 16.
[5] Matth. 10, 28.
[6] 2 Tim. 1, 14.

* Die ganze Dreiheit wird angebetet, hat königliche Ge-
walt, *einen* Thron, *eine* Ehre, ist über der Welt und
der Zeit erhaben, ist unerschaffen, unsichtbar, unberühr-
bar, unfaßbar, in ihrem Wesen und ihrer Ordnung nur
von sich selbst erkannt[1], für uns aber verehrungswürdig
und anbetungswürdig, allein in das Allerheiligste ein-
dringend, die ganze Schöpfung außer sich lassend, wo-
von der eine Teil durch die erste, der andere Teil durch
die zweite Trennung geschieden wurde; die erste Tren-
nung schied den Himmel und die Engel von der Gott-
heit, die zweite Trennung schied uns vom Himmel.

Dies wollen wir tun und so wollen wir uns ver-
* halten, Brüder! Derer, welche anders gesinnt sind und
die Wahrheit nicht kennen, wollen wir uns, solange es
* geht, sorgend annehmen; die Unheilbaren aber wollen
wir von uns weisen um nicht, statt von unserer Gesund-
heit mitzuteilen, von ihrer Krankheit angesteckt zu wer-
den. Der Gott „des Friedens der alle Sinne übersteigt[2]",
wird mit uns sein in Christus Jesus, unserem Herrn!
Amen.

---

[1] *πρὸς μὲν ἑαυτήν, ὅπως ἔχει τάξεως, αὐτῇ μόνῃ γιγνωσκομένη.*
[2] Phil. 4, 7.

2. Über die Liebe zu den Armen

XIV. Rede[1].

1. Nehmet die Rede über die Liebe zu den Armen nicht engherzig entgegen, meine Brüder und meine Genossen in der Armut! Arm sind wir nämlich alle und alle bedürfen wir der göttlichen Gnade, mag auch, wenn man einen kleinlichen Maßstab anlegt, der eine vor dem anderen etwas vorauszuhaben scheinen. Nehmet die Rede wohlwollend an, damit ihr die Schätze des Reichtums empfanget! Betet mit mir, damit wir euch reichlich spenden und eure Seele mit dem Worte nähren und den Hungrigen das geistige Brot brechen, indem wir gleich dem alten Moses Speisen regnen lassen und Engelsbrote verabreichen oder mit wenigen Broten Tausende in der Wüste sättigen, wie es später Jesus, das wahre Brot und die Quelle des wahren Lebens, getan hat. Unter den verschiedenen Tugenden die vorzüglichste herauszufinden und einer einzelnen den Vorzug und Sieg zuzuschreiben, ist ebenso schwierig, als auf einer blumenreichen, duftenden Wiese festzustellen, welches die schönste und wohlriechendste Blume ist; denn bald zieht diese, bald jene Blume Geruchsinn und Augen an sich, um zum Pflücken einzuladen. Nach meiner Meinung ist bei der Bewertung folgendes zu beachten.

2. Etwas Schönes sind „Glaube, Hoffnung und Liebe, diese Drei[2]". Zeuge des Glaubens war Abraham, der auf Grund des Glaubens gerechtfertigt worden war[3]. Zeuge der Hoffnung waren Enos, welcher zuerst „gehofft hatte, den Herrn für sich anzurufen[4]", und alle Gerechte, welche um der Hoffnung willen Böses erduldet hatten.

---

1 Diese Rede wurde wohl 373 in Cäsarea gehalten.
2 1 Kor. 13, 13.
3 Gen. 15, 6.
4 Ebd. 4, 26 (LXX).

Zeuge der Liebe war der ehrwürdige Apostel, der um Israels willen sogar sich selbst verflucht hätte[1], und Gott selbst, der als Liebe bezeichnet wird. Etwas Schönes ist die Gastfreundschaft. Ein Beispiel hierfür ist der gerechte Loth, der Sodomite, aber nicht ein Sodomite im Benehmen, und unter den Sündern die Buhlerin Rahab, die aber nicht aus Schlechtigkeit Buhlerin war, da sie um der Gastfreundschaft willen gelobt und auch
* gerettet wurde. Schön ist die Bruderliebe, wie wiederum Jesus lehrt, da er nicht nur den Menschen zum Guten erschaffen[2] und dem Staube das Ebenbild beigesellt hatte, damit es zum Besten führe und die himmlischen Güter vermittle, sondern da er auch für uns Mensch geworden ist. Etwas Schönes ist es um die Langmut, wie wiederum derselbe bezeugt, soferne er gegen die, welche sich wider ihn erhoben und ihn vergewaltigt hatten, nicht nur nicht Legionen von Engeln erbat und nicht nur dem Petrus, der das Schwert gezogen hatte, Vorwürfe machte, sondern auch dem Verwundeten das Ohr heilte.
* Das gleiche Beispiel von Langmut gab später Stephanus, der Jünger Christi, der für die betete, welche ihn stei-
* nigten. Schön ist Sanftmut, welche nach den Berichten vor allem Moses[3] und David[4] bekundeten und ihr Lehrer, der nicht zankte und nicht lärmte und nicht auf den Straßen schrie[5] und sich denen, die ihn fortschleppten, nicht widersetzte.

3. Schön ist der Eifer, wie uns Phinees zeigt, der, um Israels Söhne von der Schmach zu reinigen, die Madianitin zugleich mit dem Israeliten durchbohrte[6], was ihm seinen Namen eintrug. Ein Beispiel von Eifer sind nach ihm die, welche erklärten: „Geeifert habe ich für den Herrn[7]" und „mit dem Eifer Gottes eifere ich für euch[8]" und „der Eifer für dein Haus verzehrt mich[9]".

---

[1] Röm. 9, 3.
[2] Eph. 2, 10.
[3] Num. 12, 3.
[4] Ps. 131, 1.
[5] Is. 42, 2. 53, 7.
[6] Num. 25, 7 ff.
[7] 3 Kön. 19, 14. [8] 2 Kor. 11, 2. [9] Ps. 68, 10.

So sprachen sie nicht nur, so handelten sie auch. Schön *
ist körperliche Abtötung. Davon könnte dich Paulus
überzeugen, der sich noch selbst züchtigte[1] und durch
Israel jene schreckte, welche auf sich selbst vertrauen
und ihrem Fleische schmeicheln, aber auch Jesus selbst,
als er fastete, sich versuchen ließ und den Versucher
überwand[2]. Etwas Schönes ist es um das Beten und *
Wachen. Gott möge dich davon überzeugen, da er
wachte und betete, ehe er litt[3]. Schön ist Keuschheit und *
Jungfräulichkeit. Lasse dich von Paulus belehren, der
darüber Anweisungen gibt und über Ehe und Ehelosigkeit entscheidet[4], aber auch von Jesus selbst, der von
einer Jungfrau geboren werden wollte, um einerseits die
Geburt zu ehren, anderseits die Jungfräulichkeit zu bevorzugen. Schön ist Enthaltsamkeit. Davon möge dich
David überzeugen, der, obwohl er Wasser aus der
Zisterne von Bethlehem erhalten hatte, doch nicht trank,
sondern das Wasser ausgoß, da er nicht mit fremdem
Blute seinen eigenen Durst befriedigen wollte[5].

4. Schön ist ein Leben in Abgeschiedenheit und *
Ruhe. Dies lehrt mich Elias auf dem Berge Karmel,
Johannes in der Wüste oder Jesus auf dem Berge, auf
den er sich bekanntlich oftmals zurückzog, um in der
Einsamkeit mit sich zu verkehren. Schön ist Armut. Dies *
zeigt mir Elias, der bei einer Witwe sich erholte[6], Johannes, der sich mit Kamelhaaren bedeckte, Petrus, der, um
sich zu nähren, um ein As Lupinen kaufte. Schön ist
Demut. Die Beispiele hiefür sind zahlreich und überall *
zu finden. Vor allem ist zu erwähnen, daß der Erlöser
und Herr aller sich nicht nur „bis zur Knechtsgestalt
erniedrigte[7], nicht nur sein Antliz der Schmach des
Anspeiens aussetzte und, obwohl er die Welt von Sünden reinigte, „Sündern gleichgehalten wurde[8]", sondern

---

[1] 1 Kor. 9, 27.
[2] Matth. 4, 1 ff.
[3] Ebd. 26, 36.
[4] 1 Kor. 7, 25 ff.
[5] 2 Kön. 23, 15 ff.
[6] 3 Kön. 17, 9.
[7] Phil. 2, 7. [8] Is. 50, 6. 53, 12.

auch wie ein Sklave den Jüngern die Füße wusch. Schön ist die völlige Besitzlosigkeit und die Verachtung des Geldes, wie uns Zachäus und Christus selbst beweisen. Jener gab, als Christus bei ihm einkehrte, fast alles zum Opfer hin[1]; dieser aber erklärte dem Reichen, in solchem Verhalten liege die Vollkommenheit[2]. Und — um mich kürzer zu fassen — etwas Schönes ist es um die Betrachtung, etwas Schönes um die Betätigung. Die Betrachtung erhebt von der Erde und strebt zum Allerheiligsten und führt unseren Geist zu dem, was ihm verwandt ist; die Betätigung aber nimmt Christum auf, dient ihm und macht die Liebe in Werken kund.

5. Jede der genannten Tugenden bildet e i n e n Weg zum Heile und in irgend eine der ewigen, seligen Wohnungen. Wie es verschiedene Lebensberufe gibt, so gibt es bei Gott viele Wohnungen[3], welche je nach dem Verdienste des Einzelnen verteilt und zugewiesen werden. Mag einer diese oder jene Tugend, mag einer mehrere oder — wenn es möglich sein sollte — alle Tugenden pflegen, auf jeden Fall bleibe er nicht stehen, strebe vorwärts und trete in die Fußstapfen des kundigen sicheren Führers, welcher auf engem Wege und durch schmale Pforte auf die breiten Gefilde der himmlischen Seligkeit geleitet. Wenn wir es Paulus und Christus selbst glauben müssen, daß die Liebe das erste und größte Gebot, der Hauptinhalt des Gesetzes und der Propheten ist, dann erkläre ich die Liebe zur Armut, das Mitempfinden und Mitleiden mit dem Nächsten als die größte Liebe. Durch gar nichts wird ja Gott so sehr geehrt wie durch Mitleid. Denn nichts ist Gott eigentümlicher als das Erbarmen, da „vor ihm Mitleid und Wahrheit einherschreiten[4]" und ihm Erbarmen lieber ist als Verurteilung[5]. Der, welcher gerecht vergilt und sich nach

[1] Luk. 19, 8.
[2] Matth. 19, 21.
[3] Vgl. Joh. 14, 2.
[4] Ps. 88, 15.
[5] Vgl. Joh. 8, 1 ff.

der Wage und nach den Gewichten erbarmt[1], schenkt * seine Liebe keinem so sehr wie dem Barmherzigen.

6. Unser Herz müssen wir allen Armen öffnen, gleichviel aus welchen Gründen sie in Not sind; denn das Gebot verlangt, sich zu freuen mit den Fröhlichen und zu weinen mit den Weinenden[2]. Als Menschen müssen wir in zuvorkommender Weise Liebesdienste den Mitmenschen tun, mögen sie deren bedürfen, weil sie verwitwet oder verwaist sind oder weil sie aus dem Vaterlande verbannt sind, oder wegen der Grausamkeit der Herren, der Härte der Beamten, der Unbarmherzig- * keit der Steuereinnehmer, der Blutgier der Räuber, der Habgier der Diebe oder wegen Konfiskation oder wegen Schiffbruch. Sie alle sind in gleicher Weise mitleidswert und blicken zu unseren Händen auf wie wir zu den Händen Gottes, so oft wir etwas brauchen. Von jenen Unglücklichen sind die, welche unverdienter Weise zu leiden haben, noch mitleidenswerter als die, welche an das Unglück gewöhnt sind. Ganz besonders müssen wir * unser Herz denen öffnen, welche von der heiligen Krankheit[3] zugrunde gerichtet worden sind, selbst an Fleisch, Knochen und Mark — nach einer Drohung[4] — zerfressen werden und von ihrem armseligen, schwachen, treu- * losen Körper verraten sind. Es entzieht sich meiner Kenntnis, wie ich mit diesem Fleische zusammengespannt worden war und wie ich, ein Ebenbild Gottes, mit dem Staube vermengt werde. Geht es dem Körper gut, dann führt er Krieg; wird er bekämpft, dann leidet er. Ich liebe ihn, weil er mein Mitsklave ist; ich wende mich von ihm ab, weil er mein Feind ist. Da er meine Fessel ist, fliehe ich ihn; da er mein Miterbe ist, verehre ich ihn. Wenn ich mich bemühe, ihn kaltzustellen, dann fehlt mir der Gehilfe, den ich brauche, um zum herrlichen Ziel zu gelangen; denn ich weiß, wozu ich erschaffen bin, * und weiß, daß ich nur durch irdische Betätigung[5] zu Gott emporsteigen kann.

---

[1] Vgl. Is. 28, 17 (LXX). [2] Röm. 12, 15.
[3] D. i. dem Aussatz. [4] Vgl. Is. 10, 18.
[5] *δεῖ με πρὸς θεὸν ἀναβῆναι διὰ τῶν πράξεων.* Manche Handschriften glaubten verbessern zu müssen: *δι' ἀγαθῶν πράξεων.*

7. Ich behandle ihn mit Nachsicht, da er mein Genosse ist. Aber ich weiß nicht, wie ich seinen Angriffen entgehen kann oder wie ich, wenn ich, von seinen Fesseln beschwert, niedergedrückt oder auf dem Boden niedergehalten werde, es machen soll, um nicht von Gott abzufallen. Der Körper ist ein freundlicher Feind und * ein feindlicher Freund. Man fühlt sich verbunden und abgestoßen. Was ich fürchte, umarme ich, und was ich liebe, fürchte ich. Noch ehe ich den Kampf beginne, versöhne ich mich; noch ehe ich Frieden schließe, beginne ich die Feindschaft. Was will die Weisheit mit mir? Was für ein großes Geheimnis beobachten wir hier? Beabsichtigt etwa Gott, dessen Anteil wir sind und von dessen Höhen wir stammen, uns im Kampf und Streit mit dem Körper ständig zu zwingen, auf ihn zu schauen, * und uns durch die mit uns verbundene Schwachheit zum Idealismus anzuhalten, damit wir nicht wegen unserer Menschenwürde uns hochmütig erheben und nicht den Schöpfer verachten und damit wir es einsehen, daß wir * zugleich sehr hoch und sehr tief stehen, irdische und himmlische, vergängliche und unsterbliche Geschöpfe sind, Erben des Lichtes und des Feuers oder auch der Finsternis, je nachdem wir uns entscheiden. In genannter Weise sind Seele und Körper meines Erachtens zu dem Zwecke zusammengemischt, daß, wenn wir auf unsere Ebenbildlichkeit stolz sind, der Staub uns nieder- * drücke. Darüber mag jeder denken, wie er will; wir werden uns bei gegebener Gelegenheit noch darüber aussprechen.

8. Brüder, was ich mir in meiner schmerzlichen Er- * regung über meine fleischliche Natur und aus Mitleid mit fremden Schmerzen zu sagen vorgenommen habe, wollen wir nun tun: Pflegen wir den Genossen und Mit-

Diese haben den Schriftsteller nicht verstanden. Gregor stellt den πράξεις die θεωρία gegenüber (vgl. Kap. 4 Schluß!). Solange er noch in der Einsamkeit lebte, huldigte er einseitig der θεωρία. Nachdem er aber durch seinen Vater zurückgerufen worden war, erkannte er auch die Notwendigkeit der πρᾶξις, der aktiven Seelsorge. Er war nun von der θεωρία zur πρᾶξις bzw. zur Einigung von πρᾶξις und θεωρία bekehrt.

sklaven! Wenn ich ihn auch wegen seiner Sündhaftigkeit
angeklagt habe, so will ich mich doch seiner wie eines
Freundes annehmen um dessen willen, der ihn mit mei-
ner Seele verbunden hat. Ebenso wie für den eigenen *
Körper müssen wir für den Leib des Nächsten sorgen,
mag er gesund sein oder ebenfalls an Krankheit dahin-
siechen. Denn alle „sind wir eins in Christus[1]", ob reich *
oder arm, ob Sklave oder Freie, ob gesund oder krank;
und einer ist das Haupt aller, Christus, von dem alles
kommt. Was ein Körperteil dem anderen ist, ist der eine
Mensch dem anderen, sind alle allen. Ereilt jemanden
früher als uns das allgemeine Schicksal, krank zu wer- *
den, dann wollen wir ihm also unsere Aufmerksamkeit
und unsere Sorge nicht entziehen. Die Freude über unser
körperliches Wohlbefinden darf nicht größer sein als
der Schmerz über das Elend der Brüder. In der Bruder- *
liebe müssen wir die einzige Voraussetzung für unser
leibliches und seelisches Wohl erblicken. Beginnen wir
unsere Erwägungen!

9. Manche verdienen unser Mitleid nur, weil sie arm
sind; hier können vielleicht die Zeit, die Arbeit, ein
Freund, ein Verwandter, veränderte Verhältnisse helfen.
Andere sind ebenso, wenn nicht noch mehr mitleidswert, *
soferne sie infolge von Arbeitslosigkeit der notwendigen
leiblichen Mittel beraubt sind und ihre Furcht vor dem
Zusammenbruch immer noch größer ist als die Hoffnung
auf Besserung der Verhältnisse, so daß ihnen die Hoff-
nung, das einzige Heilmittel für Unglückliche, wenig
Hilfe bringen kann. Ein weiteres Übel, außer der Armut,
ist die Krankheit; sie ist das gefürchtetste und schlimm-
ste Übel, das von vielen auch bei Flüchen zunächst an-
gewünscht wird. Ein drittes Übel besteht darin, daß man
nicht besucht und nicht angeschaut werden darf, daß
man geflohen und verabscheut wird und als Ekel gilt;
noch schlimmer als die Krankheit selbst ist das Gefühl,
wegen eines Unglückes auch noch gehaßt zu werden. *
Ihr Leiden verursacht mir Tränen, und schon die Er-
innerung daran erschüttert mich. Möchtet ihr von glei-
chen Stimmungen ergriffen sein, damit eure Tränen euch *

[1] Röm. 12, 5.

den Tränen entreißen! Ich weiß aber auch, daß von den
Anwesenden alle jene meine Empfindungen teilen, welche
* Christum und die Armut lieben und welchen Gott ein
Herz geschenkt hat. An bitteren eigenen Erfahrungen
fehlt es euch ja nicht.

* 10. Mit eigenen Augen schauen wir ein schreck-
liches, erbarmungswürdiges Schauspiel, das nur der
* glaubt, der es selbst gesehen hat. Da sind Tote und
Lebende, an den meisten Gliedern in einer Weise ver-
stümmelt, daß man kaum erkennt, wer sie einmal waren
oder woher sie stammen. Es sind eigentlich nur noch
elende Überreste gewesener Menschen. Um erkannt zu
werden, müssen sie Vater, Mutter, Geschwister, Heimat
angeben und erklären: „So und so heißt mein Vater und
meine Mutter, und dies ist mein eigener Name und du
* warst einst mein Freund und mein Verwandter." So
sprechen sie, da sie ja nichts Charakteristisches mehr
an sich haben. Sie sind verunstaltete Menschen, die ihres
Vermögens, ihrer Verwandten, ihrer Freunde, selbst
ihres Körpers beraubt sind. Es sind die einzigen Men-
schen, welche sich bemitleiden und zugleich hassen. Sie
wissen nicht, sollen sie diejenigen Körperteile mehr
beklagen, die sie nicht mehr haben, oder diejenigen,
welche ihnen noch geblieben sind, diejenigen, welche die
Krankheit bereits aufgezehrt hat, oder diejenigen, welche
* für die Krankheit noch übrig geblieben sind. Die einen
Glieder sind unter großen Schmerzen verzehrt worden;
die anderen bleiben noch größeren Martern erhalten.
Die einen sind dahingeschwunden, ehe sie das Grab
schauen; die anderen wird niemand bestatten. Mag einer
noch so gut und barmherzig sein, für diese Krankheit
hat er absolut kein Herz; ihnen gegenüber allein haben
wir vergesesn, daß wir Fleisch sind und daß wir von
einem erbärmlichen Körper umgeben sind. Wir sind so
weit entfernt, unsere (aussätzigen) Verwandten zu pfle-
gen, daß wir vielmehr glauben, wir seien in Sicherheit,
wenn wir vor ihnen fliehen. Während man zu einem
schon älteren Leichnam, der vielleicht bereits riecht,
hingeht und den stinkenden Kadaver vernunftloser Tiere
erträgt und es sich gefallen läßt, ganz beschmutzt zu

werden, fliehen wir schleunigst in aller Herzlosigkeit vor den Aussätzigen, fast unwillig darüber, daß wir die gleiche Luft wie sie einatmen.

11. Wer ist anhänglicher als ein Vater? Wer besorgter als eine Mutter? Aber auch ihr natürliches Empfinden hat Grenzen. Den Sohn, den der Vater erzeugt und erzogen hat, den er als seinen Augapfel erklärt, für den * er schon oft und viel zu Gott gebetet hat, beklagt er zwar (wenn er von Aussatz befallen wird), aber gleichwohl jagt er ihn davon, teils freiwillig, teils gezwungen. Und eine Mutter gedenkt ihrer Schmerzen bei der Geburt (des nun an Aussatz erkrankten Kindes), ihr Herz zer- * reißt, erschütternd schreit sie zum Himmel, und ihr noch lebendes Kind, das sie ausgesetzt hat, beweint sie, wie wenn es schon gestorben wäre. „Armes Kind einer unglücklichen Mutter, — ruft sie — die Krankheit war so grausam, mein Recht auf dich mit mir zu teilen! O bedauernswertes Kind, o Kind, nicht mehr bist du zu erkennen, o Kind, nur mehr für Schluchten, für Berge, für Wüsten habe ich dich erzogen! Bei den Tieren wirst du hausen, Felsen werden dein Schutz sein. Nur noch die heiligsten unter den Menschen werden dich sehen." Die Wehrufe Jobs[1] macht sie sich zu eigen: „Warum wurdest du im Mutterschoße gebildet? Warum hast du den Schoß verlassen? Warum bist du nicht sofort gestorben? Warum sind sich nicht Tod und Geburt begegnet? Warum bist du nicht vor der Zeit abgegangen, ehe du noch die Leiden des Lebens kosten konntest? Warum hat dich der Schoß aufgenommen? Wozu hast du an den Brüsten gesogen, da du doch in Elend leben und ein Leben, das schlimmer ist als der Tod, führen sollst?" So klagt sie unter Strömen von Tränen. Auch umarmen möchte die Unglückliche ihr Kind, aber vor seinem Körper fürchtet sie sich, in ihm erblickt sie einen Feind. Nicht Verbrecher, sondern diese Aussätzigen werden vom ganzen Volke verflucht und verfolgt. Ist einer ein Mörder, dann wohnt man noch mit ihm zusammen, und mit einem Ehebrecher teilt man Haus und Tisch, einen Kirchenräuber macht man zum Freunde seines Lebens, und mit denen,

[1] Vgl. Job 3, 11 f.

die einem Böses angetan haben, schließt man ein Bündnis; aber von dem Leiden eines Menschen, der einem kein Unrecht getan hat, wendet man sich ab, als wäre es ein Verbrechen. Besser ist ein Verbrecher daran als ein * Kranker. Den Herzlosen umarmen wir wie einen Edelmann; den Barmherzigen aber verachten wir wie einen Schuldbeladenen.

12. Die Aussätzigen werden aus den Städten vertrieben, aus den Häusern, von den Marktplätzen, den Versammlungen, den Straßen, den Festlichkeiten und Gelagen und selbst — welch ein Jammer! — vom Wasser werden sie weggejagt. Nicht haben sie mit den übrigen Menschen Anteil an den sprudelnden Quellen; auch die Flüsse sollen von ihnen angesteckt werden. Das Ungeheuerlichste ist, daß wir sie wie Schuldbeladene fortjagen, sie dann aber wieder wegen ihrer Schuldlosigkeit * an uns locken, allerdings ohne ihnen Wohnung oder die nötigen Nahrungsmittel oder ihren Wunden Heilungsmittel anzubieten, und ohne den Kranken nach Kräften schützende Kleidung zu gewähren. Tag und Nacht irren sie umher, arm und nackt und ohne Unterkunft. Ihre Krankheit tragen sie zur Schau, erzählen, wer sie einst waren, flehen zum Schöpfer. Mit ihren Gliedern helfen sie sich gegenseitig in ihrer Not aus. Sie ersinnen Lieder, um Mitleid zu wecken. Sie betteln um ein Stücklein Brot, um ein bißchen Fleisch und um einen zerlumpten Fetzen, damit sie ihre Blöße und ihre Geschwüre bedecken können. Als mitleidig gilt nicht der, welcher ihre Not lindert, sondern schon der, welcher sie nicht hart abweist. Die meisten der Kranken scheuen sich nicht einmal, die Festversammlungen zu besuchen; ihre Not treibt sie im Gegenteil geradezu in dieselben hinein. Ich rede hier von jenen öffentlichen, heiligen Versammlungen, welche wir aus seelischen Bedürfnissen eingeführt haben zur Feier eines Geheimnisses oder wegen der * Märtyrer, um durch Verehrung ihres Martyriums ihre Tugenden nachzuahmen. Da sie doch auch Menschen sind, schämen sich die Aussätzigen einerseits, in ihrem Elende vor Menschen zu erscheinen, und möchten am liebsten im Gebirge, in Schluchten und Wäldern und

schließlich in Nacht und Finsternis verschwinden; doch anderseits treibt es diese elenden Jammergetalten (immer wieder) unter die Menschen. Und das ist wohl recht so. Denn sie sollen uns an unsere Schwachheit erinnern und davor bewahren, daß wir uns an die Gegenwart und das Sinnliche halten, als wenn es immer Bestand hätte. Die einen treibt es zu uns, um eine menschliche Stimme zu hören, die anderen, um ein menschliches Angesicht zu sehen, andere, um von denen, die im Überfluß leben, eine kleine Gabe zur Fristung des Lebens zu erhalten; alle kommen sie, um durch Offenbarung ihres Leids Linderung zu finden.

13. Wer wird nicht erschüttert bei den Klagetönen ihrer Trauerchöre? Wer kann solches mit anhören, solches mit ansehen? Dort liegen die einen, durch die Krankheit schmachvoll vereinigt, beisammen, und jeder erzählt, um Mitleid zu finden, von seinem Elend etwas anderes. Gegenseitig erschweren sie sich noch ihr Schicksal; sind sie bedauernswert wegen ihres Leidens, so sind sie es noch mehr wegen ihres Mitleidens. Eine bunte Menge umsteht sie gaffend, um mit ihnen zu klagen — auf einige Zeit. Dort schleppen sich andere zu den Füßen der Menschen trotz Sonne und Staub, manchmal auch trotz heftiger Kälte und Regengüsse und stürmischer Winde; nur unserem Ekel von ihnen verdanken *
sie es, wenn sie von unseren Füßen nicht getreten werden. Auf unsere heiligen Gesänge in der Kirche respondieren sie mit schmerzlichen Bitten, und auf unsere geistlichen Lieder ist ihre Antwort: ergreifendes Wehgeschrei. Wozu soll ich euch, die ihr in festlicher Stimmung gekommen seid, all ihr Elend schildern? Vielleicht würde ich euch zu Tränen rühren, wenn ich über all ihre Not genau berichten würde, und der Schmerz würde die Festfreude verderben. Ich weiß ja, daß ich euch noch nicht dazu überreden könnte, gelegentliche Leiden höher als Freuden, Traurigkeit höher als Festesstimmung, lobenswerte Tränen höher als unschönes Lachen einzuschätzen.

14. Dies ist das Los der Aussätzigen. Ja, es ist noch schlimmer, als ich es geschildert habe. Sie aber sind —

ob ihr es wollt oder nicht — unsere Brüder vor Gott.
Sie haben die gleiche Natur wie wir empfangen; sie sind
aus der gleichen Erde gebildet, aus der wir zu Beginn
erschaffen worden waren. Gleich uns sind sie aus Mus-
keln und Knochen zusammengesetzt; wie alle sind sie
mit Haut und Fleisch umkleidet, wie einmal der treff-
* liche Job[1] in seinen Betrachtungen über das Leiden er-
klärt, um unsere sinnliche Natur bloßzustellen. Sie
haben — um noch mehr zu sagen — sogar wie wir das
göttliche Ebenbild erhalten und bewahren es vielleicht
besser als wir, trotzdem sie äußerlich zugrunde gehen.
* Sie haben innerlich denselben Christus angezogen und
sind mit dem gleichen Unterpfand des Geistes betraut
worden wie wir. Sie haben an den gleichen Gesetzen,
Lehren, Verträgen, Versammlungen, Geheimnissen, Hoff-
nungen teil wie wir. Auch für sie ist Christus gestorben,
der die Sünden der ganzen Welt hinweggenommen hat.
Mit Christus sind sie Erben des himmlischen Lebens,
mögen sie auch von diesem Leben gar nichts haben. Mit
Christus werden sie begraben und mit ihm werden sie
auferstehen, „soferne sie nur mit ihm leiden, um auch
mit ihm verherrlicht zu werden[2]".

15. Was haben nun wir zu tun, die wir den großen, neuen Namen geerbt haben und uns nach Christus bezeichnen, wir, „das heilige Geschlecht, das königliche Priestertum, das überragende, auserwählte Volk[3]", das nach guten, heilsamen Werken strebt[4], die Jünger des sanften, barmherzigen Christus, der unsere Schwachheiten auf sich genommen, sich bis zu unserem Staube erniedrigt und sich unsertwegen der Armut dieses Fleisches und des irdischen Zeltes unterworfen hat, der aus Liebe zu uns leiden und dulden wollte, damit wir durch seine Gottheit reich würden[5]. Was ist unsere Aufgabe gegenüber einem solchen Vorbilde der Herzensgüte und des Mitleids? Was sollen wir über die Aussätzigen den-

---

[1] Job 10, 11.
[2] Röm. 8, 17.
[3] 1 Petr. 2, 9.
[4] Tit. 2, 14.
[5] Vgl. 2 Kor. 8, 9.

ken und was sollen wir ihnen gegenüber tun? Dürfen wir sie verachten, vernachlässigen? Sollen wir sie verlassen wie Tote, wie Geächtete, wie äußerst gefährliche Schlangen und andere Tiere? Durchaus nicht, meine Brüder! Dies entspräche nicht unserer Würde als Zöglinge Christi, des guten Hirten, der das Verirrte zurückführt, das Verlorene aufsucht, das Schwache stärkt. Dies entspräche aber auch nicht unserer menschlichen Natur, welche, da sie von gleichem Elende bedroht ist, zu Güte und Barmherzigkeit erzogen wird und Mitleid zum Gesetze gemacht hat.

16. Sollen wir, während diese unter freiem Himmel
dahinsiechen, in glänzendsten, mit verschiedenen Stei- *
nen geschmückten Häusern wohnen, welche in Gold und
Silber, in Mosaik und bunten Gemälden leuchten und
die Augen durch den Reiz täuschen? Sollen wir solche
Häuser bewohnen? Sollen wir sie bauen? Doch für wen?
Wir bauen sie vielleicht gar nicht für unsere Erben, son- *
dern für Fremde und Ausländer, welche uns wohl nicht
einmal lieben, sondern, was das schlimmste ist, uns mit
all ihrem Hasse und Neide verfolgen. Während die Aus-
sätzigen in abgenutzten, zerrissenen Lumpen frieren und
vielleicht selbst daran Mangel leiden, sollen wir in wei-
chen, wallenden Kleidern und in luftigen Geweben aus
Leinen und Seide schwelgen, von welchen die einen nicht
so sehr ein Schmuck als vielmehr eine Schande sind, als
was ich alles Überflüssige und Unnütze bezeichne, und
von welchen die anderen in Kästen aufbewahrt werden,
um uns unnütze, zwecklose Sorgen zu machen und von
Motten und der alles tilgenden Zeit verschlungen zu *
werden? Selbst die notwendige Nahrung fehlt jenen.
Hier Schwelgerei, dort Elend! Vor unseren Türen liegen
sie, erschöpft und hungrig. Ihr Körper hat nicht die *
Kraft, zu betteln. Es mangelt ihnen die Stimme, um zu
klagen. Es fehlen ihnen die Hände, um zu flehen, die
Füsse, um da hinzugehen, wo man etwas hat, die Kraft
der Lunge, um ihre Klagelieder ertönen zu lassen. Das
schwerste Unglück nehmen sie am leichtesten: für ihre
Blindheit sind sie dankbar, weil sie ihnen ihr Elend ver-
hüllt.

17. Während jene in solchem Elend leben, sollen wir in aller Pracht auf hohem, erhabenem Lager mit reichlichen Decken, die man nicht berühren darf, ruhen, um uns schon aufzuregen, wenn wir nur die flehende Stimme der Kranken vernehmen? Unser Boden muß von Blumen duften, oftmals selbst dann, wenn nicht die Zeit der Blumen ist. Unser Tisch muß mit den wohlriechendsten kostbarsten Salben übergossen sein, damit wir noch mehr verweichlicht werden. Knaben müssen aufwarten. Die einen von ihnen stehen in Reih und Glied, nach Mädchenart tragen sie langes Haar und Simpelfransen und sind selbst lüsternen Augen zuviel geschmückt. Andere halten so zierlich und zugleich so sicher als nur möglich mit ihren Fingerspitzen die Becher oder erregen geschickt über den Häuptern mit ihren Fächern Lüftchen und durch die Bewegung ihrer Hände den Fleischmassen Abkühlung. Ferner muß die Tafel mit Speisen überladen sein; alle Elemente, Luft, Erde und Wasser müssen uns reichlich ihre Gaben spenden. Wir wollen von den Kunstwerken der Köche und Speisemeister erdrückt werden; um die Wette sollen sich alle bei dem gierigen, undankbaren Magen einschmeicheln, bei dieser schwerfälligen Last, dem Unheilstifter, dem unersättlichen, unverlässigsten Tiere, das zugleich mit den verdauten Speisen dem Untergange geweiht ist. Während die Aussätzigen es als Glück betrachten würden, wenigstens genug Wasser zu haben, trinken wir Wein bis zur Betrunkenheit und in unserer Ausschweifung noch darüber hinaus und weisen die einen Weine zurück, um andere wegen ihrer Blume anzuerkennen und sie weise zu loben und es als Mangel zu bezeichnen, wenn nicht außer den einheimischen Weinen gleichsam als Krone des Ganzen noch eine berühmte ausländische Marke vorgesetzt wird. Wir wollen Feinschmecker und Lebemenschen sein oder heißen und schämen uns fast, wenn wir nicht als schlecht oder nicht als Sklaven der Bäuche und anderer Organe gelten.

18. Warum wollen wir solches Leben, meine Freunde und Brüder? Warum leiden wir unserseits seelisch an einer Krankheit, die noch viel schlimmer ist als körperliches Leiden? Die eine Krankheit ist doch unfreiwillig,

die andere aber freiwillig; die eine hat mit diesem Leben ihr Ende, die andere begleitet uns, wenn wir diese Welt verlassen; die eine findet Mitleid, die andere Haß — wenigstens bei den Verständigen. Warum helfen wir nicht der Natur, solange wir noch Zeit haben? Warum * bedecken wir, die wir doch selbst Fleisch sind, nicht die Not des Fleisches? Warum schwelgen wir beim Unglück der Brüder? Es sei mir ferne, mich zu bereichern, während diese darben, oder mich wohl zu fühlen, solange ich ihre Wunden nicht lindern kann, oder mich zu sättigen und einzuhüllen und mich gemütlich unter einem Dache niederzulassen, solange ich ihnen nicht Brot, genügend Kleidung und Erholung unter meinem Dache geben kann. Entweder müssen wir alles Christus zu * Liebe hingeben, um mit dem Kreuze beladen, ihm aufrichtig zu folgen und leicht und frei, von nichts niedergedrückt, in den Himmel zu folgen und, durch Demut erhöht und durch Armut bereichert, gegen alles Christus einzutauschen; oder wir müssen unseren Besitz mit Christus teilen, um ihn durch Anteilnahme der * Armen zu einem guten Besitz zu machen und so ihn gewissermaßen zu heiligen. Für mich mag ich säen, doch andere sollen mit mir die Früchte teilen. Mit Job will auch ich das Wort sprechen: „Statt Weizen mögen Disteln, statt Gerste Dornen bestimmt sein[1]"; versengender Wind möge kommen und Wirbelsturm möge meine Arbeiten erfassen, so daß ich mich umsonst geplagt habe; noch in dieser Nacht soll meine Seele von mir gefordert werden, auf daß ich Rechenschaft gebe wegen meiner Habsucht, wenn ich Scheunen baue und Schätze * sammle für den Mammon!

19. Sollen wir nicht endlich einmal zur Besinnung kommen? Wollen wir nicht unsere Gefühllosigkeit — * um nicht zu sagen: unsere Herzlosigkeit — ablegen? Wollen wir nicht ernstlich erwägen, was es um den Menschen ist? Wollen wir nicht infolge der Leiden der Mitmenschen unsere eigene Sache richtig bestellen? Alles Menschliche ist seinem Wesen nach unbeständig, wankend, ungenügend, veränderlich. Unser ganzes Le-

[1] Job 31, 40.

ben dreht sich wie im Kreise und verändert sich bald nach dieser Richtung, bald nach jener, oft an einem einzigen Tage, manchmal schon in einer einzigen Stunde. * Eher kann man den unsicheren Winden und den Spuren eines Meerschiffes und den täuschenden, kurzen Träumen der Nacht und den Sandzeichnungen spielender Kinder vertrauen als dem Glücke der Menschen. Weise sind die, welche aus Mißtrauen gegenüber der Gegenwart * in der Zukunft Schätze suchen und wegen der Unbeständigkeit und Unsicherheit des menschlichen Glückes die Barmherzigkeit lieben, die nicht zu Fall kommt. Von drei Vorteilen gewinnen sie auf jeden Fall wenigstens einen: Entweder geht es ihnen immer gut, da Gott * oft die Frommen auch mit irdischen Gütern beschenkt, um durch seine Güte zum Mitleid aufzufordern, oder, wenn es ihnen schlecht geht, finden sie Trost und Kraft in Gott, da nicht Sündhaftigkeit, sondern Gottes Ratschluß ihr Leid veranlaßt hat, oder endlich sie haben das Recht, von den Glücklichen Barmherzigkeit zu fordern, da sie selbst, als sie noch glücklich waren, den Notleidenden Barmherzigkeit erwiesen hatten.

20. „Nicht rühme sich der Weise seiner Weisheit, sagt der Prophet[1], noch der Reiche seines Reichtums, noch der Starke seiner Kraft," mögen sie auch den Gipfel der Weisheit oder des Reichtums oder der Macht erstiegen haben! Ich will noch die weiteren Mahnungen beifügen: Nicht rühme sich der Berühmte seines Ruhmes, nicht der Gesunde seiner Gesundheit, nicht der Schöne seiner Gestalt, nicht der junge Mensch seiner Jugend, * nicht — um es kurz zu sagen — rühme sich einer in dem, was der Welt rühmenswert erscheint! „Wer sich rühmt, rühme sich allein Gott zu kennen[2]" und ihn zu suchen, mit den Leidenden Mitleid zu haben und sich Schätze für die Zukunft zu sammeln! Während das Übrige unbeständig und vergänglich ist und wie im * Würfelspiel bald diesem, bald jenem zufällt und keiner es so sehr besitzt, daß er es nicht mit der Zeit oder infolge von Mißgunst verlieren könnte, sind diese Vor-

---

[1] Jer. 9, 23.
[2] Ebd. 9, 24.

züge beständig und bleibend, ohne jemals im Stiche zu lassen und zu entschwinden und die Hoffnungen zu täuschen. Alle irdischen Güter scheinen mir deshalb unverlässig und undauerhaft zu sein, damit wir nach einer — wenn irgendwo, gerade hierin — trefflichen Einrichtung des schöpferischen Logos und der alle Vernunft übersteigenden Weisheit durch die sichtbaren Dinge, wenn sie bald diesen, bald jenen Wechsel erleiden, sich auf und nieder bewegen und drehen und, noch ehe sie erfaßt werden, schon wieder entrinnen und entfliehen, verhöhnt und verspottet werden und durch Erkenntnis ihrer Unbeständigkeit und Unsicherheit uns veranlaßt sehen, uns der Zukunft zuzuwenden. Hätte unser Glück Bestand, was wäre denn die Folge gewesen, da wir ja * doch, trotz der Unbeständigkeit des Glückes, schon so sehr an ihm hängen und uns von den Freuden und Täuschungen des Glückes so sehr knechten lassen, daß wir dieses Leben für das beste und höchste halten, obwohl wir doch gelernt haben und es glauben, daß wir nach Gottes Ebenbild, das im Himmel ist und zu sich hinaufzieht, erschaffen worden sind.

21. „Wer ist weise und wird dies verstehen[1]?" Wer eilt an dem Vergänglichen vorüber? Wer hält sich an das, was bleibt? Wer glaubt an das Schwinden der Gegenwart und an den Bestand dessen, was wir hoffen? Wer unterscheidet Sein und Schein, um dem einen zu folgen und das andere zu verachten? Wer hält auseinander Bild und Wahrheit, irdische Wohnung und himm- * lische Stadt, Fremde und Heimat, Finsternis und Licht, Schmutz des Abgrundes und heiliges Land, Fleisch und Geist, Gott und weltliche Herrscher, Todesschatten und ewiges Leben? Wer erkauft mit der Gegenwart die Zukunft, mit dem vergänglichen Reichtum den unvergänglichen, mit dem Sichtbaren das Unsichtbare? Selig, wer hier auseinanderzuhalten und zu scheiden vermag durch das Schwert des Geistes, welches das Bessere von dem Minderen trennt. „Er bereitet Aufstiege in seinem Herzen", wie irgendwo der treffliche David sagt[2]. Er ent-

[1] Osee 14, 10.
[2] Ps. 83, 6.

kommt so gut wie möglich diesem Tränentale und sucht das, was oben ist. Mit Christus ist er der Welt gekreuzigt, steht mit Christus auf und fährt mit Christus zum Himmel als Erbe eines nicht mehr vergänglichen und trügerischen Lebens, wo keine bissige Schlange mehr auf dem * Wege ist, die der Ferse nachstellt und deren Haupt zertreten wird[1]. Der erwähnte David bezeichnet als Herold mit gewaltiger Stimme von hoher, öffentlicher Warte uns Überlebende als schwerfällige Menschen, welche die Lüge lieben, und gibt uns die schöne Mahnung, wir sollen uns nicht allzusehr an das Sinnliche halten und nicht glauben, in der Sättigung mit vergänglichem Getreide und Weine oder in Niederem liege all unser irdisches Glück[2]. Den gleichen Gedanken vertritt wohl auch der selige Michäas, wenn er gegen die auf dem Boden kriechenden, scheinbaren Güter predigt und erklärt: „Nahet euch den ewigen Bergen! Stehe auf und wandle; denn nicht hier ist deine Ruhe[3]!" Es sind dies fast die gleichen Worte, welche unser Herr und Erlöser sprach, als er aufforderte: „Steht auf! Wir wollen von hier gehen[4]!" Mit diesen Worten hat Jesus nicht, wie man glauben könnte, nur die Jünger seiner Zeit von * einem bestimmten Platze abgerufen, sondern er zieht damit stets alle seine Jünger von der Erde und dem irdischen Wege zum Himmel und dem Himmlischen hin.

22. Hören wir also nunmehr auf den Logos! Suchen wir unsere Ruhe im Jenseits! Werfen wir die Schätze dieses Lebens von uns! Was an ihnen gut ist, wollen wir uns allein aneignen. Durch Almosen wollen wir unsere Seele retten. Von unserem Besitze wollen wir den Armen mitteilen, um im Jenseits reich zu werden. Gib auch der Seele etwas, nicht bloß dem Leibe! Gib auch * Gott etwas, nicht bloß der Welt! Entziehe etwas dem Bauche und weihe es dem Geiste! Raube etwas dem Feuer und bewahre es in Sicherheit ferne von dem verzehrenden Feuer der Hölle! Entreiße es dem Tyrannen

---

[1] Gen. 3, 15.
[2] Ps. 4, 3. 8.
[3] Mich. 2, 9 f.
[4] Joh. 14, 31.

und vertraue es dem Herrn an! „Gib Anteil den Sieben,"
d. i. diesem Leben, „aber auch den Acht[1]", d. i. dem
Leben, das uns später aufnehmen wird! Gib dem, von
dem du vieles hast! Gib alles dem, der dir alles ge- *
schenkt hat! Niemals wirst du Gott an Freigebigkeit
übertreffen, wenn du auch alles hingibst und dich dazu.
Gott sich hinzugeben, selbst dies ist ja ein Geschenk
Gottes. Wieviel du auch opfern magst, immer ist das
noch mehr, was dir übrigbleibt. Und nichts von dem,
was du schenkst, gehört dir; denn alles hast du von
Gott. Wie es unmöglich ist, über seinen eigenen Schatten *
hinaus zu kommen, da er, sooft wir vorwärts gehen,
nachschleicht, bzw. immer vorauseilt, und wie die Kör-
pergröße sich nicht über das Haupt erheben kann, da es
stets den Körper überragt, so können wir Gott nicht
durch unsere Geschenke überbieten. Denn nicht geben
wir etwas, was ihm nicht gehört; nicht übertreffen wir
seine Freigebigkeit.

23. Erkenne es, wer es dir gegeben hat, daß du bist,
daß du atmest, daß du denkst, daß du — was das
Höchste ist — Gott erkennst, daß du das himmlische
Reich, die Gleichstellung mit den Engeln, das Schauen
der Herrlichkeit erhoffest, welches jetzt noch in Spie-
geln und Rätseln erfolgt, dereinst aber vollkommener
und reiner sein wird! Erkenne, wer es dir gegeben hat,
daß du Gottes Sohn, Erbe Christi und — um ein kühnes
Wort zu gebrauchen — Gott selber bist[2]! Woher kommt
dir all das, wer hat es dir gegeben? Oder — um von
dem Geringeren und dem Sichtbaren zu reden — wer *
hat dir die Möglichkeit gegeben, zu schauen die Schön-
heit des Himmels, den Wandel der Sonne, die Scheibe
des Mondes, die Zahl der Sterne, die hier überall sich
offenbarende, der Leier gleiche Harmonie und Ordnung, *
den Ablauf der Stunden, den Wechsel der Jahreszeiten,
den Kreislauf der Jahre, die gleiche Verteilung von Tag
und Nacht, die Erzeugnisse der Erde, das Luftmeer, die
weite Fläche des bald entfesselten, bald ruhigen Meeres,
die Tiefe der Flüsse, die Strömungen der Winde? Wer

---

[1] Ekkle. 11, 2.
[2] Vgl. Rede 11, 5!

gab dir die einen Tiere zur Zähmung und Dienstbarmachung, die anderen zur Nahrung? Wer hat dich zum Herrn und König über die ganze Erde aufgestellt? Wer hat — um nicht auf Einzelheiten einzugehen — den Menschen den Vorrang in allem verliehen? Ist es nicht der, welcher jetzt von dir vor allem und für alles Barmherzigkeit verlangt? Nachdem wir von ihm so vieles bereits empfangen haben und noch erwarten, müssen wir uns da nicht schämen, daß wir Gott nicht einmal das * eine Opfer, die Barmherzigkeit, bringen wollen? Er hat uns von den Tieren geschieden und uns allein von den irdischen Geschöpfen mit Vernunft ausgezeichnet, wir aber möchten uns zu Tieren machen und sind von der Sinnenlust so sehr verdorben und von solchem Wahnsinn — oder wie ich mich ausdrücken soll — ergriffen, daß wir schon, wenn wir nur Gerstenbrei und Kleie haben, mögen sie auch vielleicht nicht einmal ehrlich erworben sein, glauben, wir seien bessere Menschen als die Aussätzigen. Wie es in alter Zeit neben den gewöhn- * lichen Menschen Riesen gegeben haben soll, so wollen wir gegenüber den Aussätzigen die Riesen und die Übermenschen sein gleich einem Nimrod[1] oder dem Geschlechte des Enak[2], welches die Israeliten seinerzeit bedrängt hatte, oder gleich denen, durch deren Schuld die Sintflut die Erde vernichtet hatte. Während unser Herr und Gott es nicht verschmäht, sich unseren Vater nennen zu lassen, wollen wir nicht einmal von unseren Verwandten etwas wissen.

24. Meine Freunde und Brüder, wir wollen keineswegs schlechte Verwalter der uns anvertrauten Güter sein, auf daß wir nicht die Worte Petri zu hören bekommen: „Schämet euch, fremdes Eigentum zurückzubehalten, ahmet Gottes Gerechtigkeit nach, und keiner wird arm sein[3].“ Während andere unter der Armut zu

---

[1] Gen. 10, 8. [2] Num. 13, 29.

[3] Vgl. v. Dobschütz, „Das Kerygma Petri“, Texte und Untersuchungen XI, 1 (Leipzig 1893) S. 6 f.; E. Hennecke, „Neutestamentliche Apokryphen“, 2. Aufl. (Tübingen u. Leipzig 1924) S. 146; ders. „Handbuch zu den neutestamentlichen Apokryphen“ (Tübingen u. Leipzig 1904) S. 239 ff.

leiden haben, wollen wir uns nicht durch Aufhäufen und Aufbewahren von Schätzen Leiden bereiten! Denn nicht soll uns der treffliche Amos die bitteren Vorwürfe und Drohungen zurufen müssen: „Wohlan, die ihr sprechet: Wann ist der Neumond vorüber, um verkaufen zu können; wann ist der Sabbat zu Ende, um unsere Schätze feilzubieten[1]?" und nicht die weiteren Worte, womit der Prophet den Zorn Gottes denen androht, welche eine große und eine kleine Wage führen. Nicht soll der treffliche Michäas[2] etwa auch an uns die Lüsternheit bekämpfen müssen, denn Überfluß erzeugt Ausgelassenheit. Nicht soll er tadeln müssen, daß wir auf elfenbeinernen Ruhebetten schwelgen, uns mit den besten Salben verweichlichen, uns mit den zartesten Kälbern und den Zicklein von der Weide mästen und der Instrumentalmusik Beifall klatschen, und daß wir gar noch glauben, solches habe Wert und Bestand. Doch vielleicht hält der Prophet solche Genüsse noch nicht für so schlimm, als wenn wir in unserem Wohlleben mit den Leiden Josephs kein Mitleid haben; außer der Unmäßigkeit tadelt er nämlich die Unbarmherzigkeit[3]. Vor solchem Benehmen und solcher Ausschweifung wollen wir uns jetzt hüten, nicht wollen wir also die Güte Gottes verachten, welcher auf solche Weise zum Zorn gereizt wird, mag er auch seinen Zorn der Sünde nicht auf den Fuß und allsogleich folgen lassen.

25. Wir wollen dem obersten und ersten Gesetze Gottes folgen. Gott aber läßt über Gerechte und Sünder regnen und über alle in gleicher Weise seine Sonne aufgehen, er hat allen, die auf dem Lande leben, das freie Land, die Quellen, die Flüsse, die Wälder und den Vögeln die Luft, den Wassertieren das Wasser bereitet. Nicht kargend spendete er allen den ersten Lebensunterhalt, der nicht beschlagnahmt, durch kein (menschliches) Gesetz eingeschränkt, nicht abgemessen wird; er hat ihn allen gemeinsam und reichlich und ohne irgendwelchen Abzug gegeben. Er wollte durch die Gleichheit der Gabe

[1] Amos 8, 5.
[2] Irrtümlich steht Michäas statt Amos.
[3] Amos 6, 4-6.

die Gleichheit der Geschöpfe betonen; er wollte den Reichtum seiner Güte offenbaren. Wenn aber Menschen Gold und Silber, alle möglichen weichlichen, überflüssigen Kleider und glänzende Edelsteine oder dgl. verwahren, wodurch Kriege, Revolutionen, schlimmste Tyrannei veranlaßt werden, dann heben sie in ihrer Torheit den Kopf hoch, künden armen Verwandten das Mitleid und weigern sich in ihrer Ungeschliffenheit und Albernheit, mit ihrem Überfluß die Not zu unterstützen, dann wollen sie nicht einmal einsehen, daß Armut wie Reichtum, die sog. Freiheit wie die Knechtschaft und derartige Begriffe als gemeinsame Krankheit zugleich mit der Sünde als deren Erfindungen erst später im Menschengeschlechte Eingang erhalten hatten. „Von Anfang an war es jedoch, wie es heißt[1], nicht so." Vielmehr hat der, welcher den Menschen am Anfang erschaffen hatte, ihn frei und selbständig ausgesandt, nur dem Gesetze des Gebotes unterstellt und ihn mit dem Reichtum paradiesischer Wonne ausgestattet; in dem einen ersten Menschen hat er auch dem übrigen Menschengeschlechte diese Gaben bestimmt und geschenkt. Nur dem, der das Gebot hielt, war Freiheit und Reichtum verliehen; der Übertretung aber folgten Armut und Knechtschaft.

26. Seitdem Neid und Streitsucht und die listige Gewalt der Schlange, welche stets durch den Reiz der Sinnlichkeit zu verführen und die Stärkeren gegen die Schwächeren aufzustacheln weiß, sich eingeschlichen haben, ist die Einheitlichkeit in Verschiedenheiten zerrissen und der Adel der Natur durch die Habsucht unter Zuhilfenahme despotischer Gesetze zerschnitten. Achte auf die anfängliche Einheit, nicht auf die spätere Zerrissenheit, auf das Gesetz des Schöpfers, nicht auf das des Tyrannen! Hilf, so gut du kannst, der Natur, ehre die ursprüngliche Freiheit, habe acht auf dich selbst, verhülle dem Geschlechte die Schmach, unterstütze die Kranken, tröste die Notleidenden! Bist du gesund und reich, dann lindere die Not des Kranken und Darbenden! Bist du selbst nicht gefallen, dann hilf dem in seiner Not, der

[1] Matth. 19, 8.

gefallen ist und in Bedrängnis lebt! Bist du vergnügt,
dann stehe dem Trostlosen bei; bist du mit Gütern ge-
segnet, dann erbarme dich dessen, der im Unglück
schmachtet! Zeige dich Gott dafür dankbar, daß du zu
denen gehörst, denen es gut geht, und nicht zu denen,
die der Wohltaten bedürfen, daß du nicht auf fremde
Hände zu schauen brauchst, sondern vielmehr andere
auf die deinigen schauen! Dein Reichtum soll nicht bloß *
in Hab und Gut, sondern auch in Frömmigkeit, nicht nur
in Gold, sondern auch in Tugend, ja eigentlich in dieser *
allein bestehen! Suche durch Wohltun die Ehre des
Nächsten zu übertreffen! Ahme Gottes Erbarmen nach
und werde für den Notleidenden ein Gott! *

27. Durch nichts hat der Mensch so sehr an Gott *
Anteil als durch das Wohltun, mag der eine auch mehr,
der andere weniger Wohltaten spenden; jeder verfährt,
wie ich glaube, nach seinen Kräften. Wenn Gott den
Menschen erschaffen und nach seiner Verstoßung wie-
der aufgenommen hat, dann verachte auch du nicht den,
der gefallen ist! Gott hat sich des gefallenen Menschen
mit vollem Erbarmen angenommen, indem er ihm außer
allem anderem das Gesetz (des Moses), die Propheten
und zuvor schon als Richter das ungeschriebene Gesetz *
gegeben hat, um ihn zurechtzuweisen, zu mahnen, zu er-
ziehen, und indem er schließlich sich selbst als Sühn-
opfer für das Leben der Welt hingegeben und Apostel,
Evangelisten, Lehrer und Hirten, ferner Heilungen, Wun-
der, Rückkehr zum Leben, Befreiung vom Tode, Sieg
über den Sieger, einen schattenhaften und einen wahren
Bund, die Gaben des Heiligen Geistes, die Geheimnisse *
des Neuen Bundes verliehen hat. Du aber, fähig, sogar
seelische Wohltaten zu spenden, da Gott, wenn du nur
guten Willen hast, dich auch hierin reich gemacht hat,
unterlasse es nicht, dem Notleidenden auch seelisch zu
helfen! Gib die notwendigsten Gaben vor allem dem, der
dich darum bittet, erweise dich aber auch, ehe du ge- *
beten wirst, den ganzen Tag barmherzig und leihe das
Wort aus, um es eifrig mit Zins zurückzufordern, d. h.
von dem Profit, welchen der Schuldner stets von dem
Worte hat, etwas einzuverlangen, damit du allmählich

die Samen des religiösen Lebens mehrest! Willst du
nicht das Notwendigste spenden, dann gib das weniger
Notwendige und Geringere, soweit du darüber verfügst!
Bringe Hilfe, verabreiche Nahrungsmittel, schenke ein
abgetragenes Kleid her, gib Arzneimittel, verbinde die
Wunden, erkundige dich nach den Unglücklichen, er-
muntere zur Geduld, fasse Mut, gehe selbst zu den Leu-
ten! Du erniedrigst dich dadurch nicht, du wirst nicht
angesteckt werden, wenn auch übertrieben ängstliche
Menschen dies meinen, welche sich durch dummes Ge-
schwätz betören lassen oder vielmehr, weil sie für ihre
* Weichlichkeit und Gottlosigkeit eine Entschuldigung
brauchen, zur Feigheit, als wäre sie etwas Großes und
Weises, ihre Zuflucht nehmen. Lasse dich von der Ver-
* nunft und von den Kindern der Ärzte und von den Wär-
tern überzeugen, welche mit den Kranken zusammen-
wohnen; denn von diesen ist noch keiner trotz der
Krankenpflege umgekommen. Mag auch der Kranken-
dienst etwas Abstoßendes und Abschreckendes haben,
aber du, Diener Christi, der du Gott und die Menschen
liebst, darfst dir nichts Unwürdiges zuschulden kommen
* lassen. Fasse Mut im Glauben! Das Mitleid siege über
die Feigheit, die Furcht Gottes über die Ängstlichkeit!
Das religiöse Empfinden darf keine fleischlichen Ein-
wände kennen. Den Bruder darfst du nicht verachten,
an ihm nicht vorübergehen, nicht darfst du dich von ihm
abwenden, als wäre er belastet, unrein oder sonst etwas,
das man fliehen und verfluchen muß! Er ist ein Glied
von dir, wenngleich er vom Unglück niedergebeugt ist.
* Der Arme ist dir als einem Gotte[1] anvertraut, magst du
auch hochmütig an ihm vorübereilen. Vielleicht vermag
dieser Gedanke dich zu erweichen. Ein Vorbild der
Nächstenliebe ist dir gegeben, mag auch der Fremde[2]
dich davon abhalten, das gute Vorbild nachzuleben.

28. Jeder, der mit dem Schiffe fährt, ist dem Schiffbruche nahe und zwar um so mehr, je kühner seine Fahrt ist. Und jeder, der mit dem Leibe umgeben ist,

---

[1] ... ὡς θεῷ. Gregor bezeichnet wiederholt den Christen als θεός. Vgl. Rede 14, 23!

[2] D. i. der Widersacher.

ist den körperlichen Leiden nahe und zwar um so mehr, je aufrechter er einherschreitet und je weniger er auf die achtet, welche vor ihm liegen. Solange du mit günstigem Winde fährst, reiche dem Schiffbrüchigen die Hand; solange du glücklich und reich bist, bringe den * Leidenden Hilfe! Warte nicht so lange, bis du an dir selbst erfährst, wie schlimm es ist, unbarmherzig behandelt zu werden und wie angenehm es ist, wenn sich die Herzen den Notleidenden öffnen! Veranlasse Gott nicht, daß er seine Hand gegen die erhebe, welche ihren Nacken hochhalten und an den Armen vorübereilen! Lerne vom Unglück des Nächsten! Gibst du dem Dürftigen auch nur Weniges, es ist nicht wenig für den, dem es an allem gebricht, aber auch nicht in den Augen Gottes, soferne es deinen Mitteln entspricht. Hast du keine große Gabe, dann zeige guten Willen! Hast du nichts, dann schenke deine Tränen! Barmherzigkeit, die von Herzen kommt, ist große Beruhigung für den, der im Unglück ist. Aufrichtiges Mitleid ist große Erleichterung im Elend. O Mensch, der Mensch hat nicht weniger Wert als das Tier, das du, wie dir das Gesetz befiehlt[1], wenn es in eine Grube gefallen ist, herausziehen und, wenn es sich verirrt hat, zurückführen mußt. Sollte in dem Befehle des Gesetzes noch ein geheimnisvollerer und tieferer * Sinn verborgen sein, da oftmals im Gesetze noch ein anderer, tieferer Gedanke liegt, dann kommt es nicht mir zu, ihn zu verstehen, sondern dem Geiste, der alles erforscht und erkennt. Soweit ich den Gesetzesbefehl erfasse und verstehe, will er, daß wir vom Mitleid im Kleinen zum vollkommeneren und höheren fortschreiten. Wenn schon Mitleid gegen vernunftlose Wesen verlangt wird, wie groß sollte dann erst die Liebe zu denen sein, welche mit uns Geschlecht und Ehre teilen!

29. Zur Barmherzigkeit fordert uns die Vernunft, * das Gesetz und alle gesetzten Menschen auf; denn diese schätzen es höher, Gutes zu tun, als Gutes zu empfangen, und wollen lieber Barmherzigkeit erweisen, als Gewinne machen. Was sagst du über unsere Mönche? Nicht will ich sprechen von den Außenstehenden, welche Göt- *

[1] Deut. 22, 1 ff.

ter erfinden, die den Patron ihrer Leidenschaften spielen müssen, und welche dem Kerdoos[1] den ersten Platz anweisen, ja welche, was noch schlimmer ist, da und dort bestimmen, man müsse gewissen Dämonen Menschen opfern, und Grausamkeit als Gottesdienst ansehen und sich nicht nur selbst über solche Opfer freuen, sondern auch als sündhafte Priester und als Diener der Sünde diese Freuden ihren Göttern zuschreiben. Es ist zum Weinen, daß es sogar unter uns Leute gibt, welche so weit davon entfernt sind, mit den Heimgesuchten Mitleid zu haben und ihnen zu helfen, daß sie ihnen vielmehr bittere Vorwürfe machen und sie belästigen. Sie machen eitles, dummes Geschwätz; ihre Worte sind tatsächlich von der Erde[2]. Sie reden in die Luft und nicht zu Ohren verständiger Menschen, welche gewöhnt sind, göttliche Lehren zu vernehmen. Sie wagen zu erklären: „Jene haben von Gott ihr Elend, wir haben von Gott unser Glück. Wer bin ich, daß ich Gottes Fügung aufheben und besser als Gott erscheinen dürfte? Sie sollen ihre Krankheit, ihr Elend, ihr Unglück haben! Es ist so bestimmt." Nur dann, wenn sie es für notwendig halten, ihre Oboli zurückzuhalten und sich über die Unglücklichen lustig zu machen, wollen sie Gottes Freunde sein. Daß sie aber (tatsächlich) nicht daran denken, ihr Glück komme von Gott, ergibt sich deutlich aus ihren Reden. Wer könnte denn in solcher Weise über die Armseligen urteilen, wenn er sich bewußt wäre, daß Gott es ist, der ihm seinen Besitz gegeben hat? Wer es weiß, daß er etwas von Gott erhalten hat, verwendet es zugleich auch im Sinne Gottes.

30. Ob übrigens ein Unglück von Gott verhängt wird, ist noch nicht ausgemacht, soferne die Materie wie z. B. ein Fluß auch selbst Ursache der Unordnung sein kann. Wer kann es wissen, ob der eine seiner Sünde wegen gestraft wird, und ob ein anderer, weil er Lob verdient, erhoben wird, und ob nicht vielmehr der eine wegen seiner Schlechtigkeit in die Höhe kommt, während der andere wegen seiner Tugendhaftigkeit heimge-

[1] Vgl. Rede 4, 121.
[2] Vgl. Is. 29, 4.

sucht wird? Der eine darf höher steigen, damit sich zuerst noch seine ganze Sündhaftigkeit gleich einer Krankheit entwickeln kann und er dann um so schwerer falle und mit um so größerem Recht Strafe finde. Der andere wird wider Erwarten heimgesucht, damit er wie Gold im Schmelzofen geläutert und von seinen Fehlern, wenn er noch einige hat, gereinigt werde; denn überhaupt kein *
Menschenkind ist, wie wir gehört haben, rein von Schmutz, mag es auch ziemlich geläutert erscheinen. Jene geheimnisvolle Wahrheit finde ich auch in der göttlichen Schrift. Doch es würde zu weit führen, alle Offenbarungen des Geistes aufzuzählen, welche mich dieses Geheimnis lehren. „Wer könnte den Sand am Meere, die Tropfen des Regens, die Tiefe des Abgrundes messen[1]?" Wer könnte die Tiefe der überall sich offenbarenden Weisheit ergründen, mit welcher Gott alles erschaffen hat und alles so, wie er es will und versteht, leitet? Es genügt, mit dem trefflichen Apostel das Unerforschliche und Unfaßbare seiner Weisheit nur bewundernd anzudeuten. „O Tiefe des Reichtums und der Weisheit und der Erkenntnis Gottes! Wie unerforschlich sind seine Gerichte, wie unergründlich seine Wege! Wer hat die Gedanken des Herrn erkannt[2]?" „Wer ist — um mit Job[3] zu reden — bis zu den äußersten Grenzen seiner Weisheit vorgedrungen?" „Wer ist weise und wird dies verstehen[4]?" Wird er das Unermeßliche nicht mit ungenügendem Maße messen? *

31. Mögen andere im Urteil über Glück und Unglück verwegen und kühn sein — es wäre allerdings besser, wenn sie es nicht wären! —, ich für mich wage es nicht, ganz allgemein das irdische Unglück als Folge der Sünde und das irdische Wohlergehen als Folge der Tugend zu erklären. Es kommt allerdings gelegentlich vor und es hat seine Bedeutung, daß, wenn es den Sündern schlecht ergeht, die Sünde eingeschränkt wird und daß die Tugend gedeiht, wenn die Guten Glück haben.

---

[1] Sir. 1, 2.
[2] Röm. 11, 33 f.
[3] Job 15, 8.
[4] Osee 14, 10.

Nicht immer und nicht allgemein, sondern erst in der Zukunft empfangen die einen für ihre Tugenden den Kampfpreis, die anderen für ihre Sünden die verdienten Strafen. „Die einen — so heißt es[1] — werden auferstehen zur Auferstehung des Lebens, die anderen zur Auferstehung des Gerichtes." Die Verhältnisse hier auf Erden sind anders, hier herrscht eine andere Ordnung, wenn auch alle Wege nach dem Jenseits weisen. Das, was uns als Unordnung erscheint, erhält in Gott durchwegs Ordnung. Es ist wie mit den äußeren und den inneren, den größeren und kleineren Organen im Körper oder wie mit den Erhebungen und Senkungen der Erde; die Verschiedenheit des Verhältnisses, in welchem die Teile zueinander stehen, ergibt die Schönheit und weckt ästhetisches Empfinden. Der von einem Handwerker bearbeitete Stoff ist auch zunächst noch ohne Form und Gestalt, er wird aber zu einem sehr kunstvollen Werk, sobald er etwas darstellt. Wenn wir einmal die vollendete Schönheit eines Werkes schauen, dann kommen wir zur Einsicht und lassen wir uns belehren. Gott ist im Wirken nicht so planlos wie wir; seine Werke sind nicht ohne Ordnung deshalb, weil uns der Einblick in ihre Logik mangelt.

32. Um unseren krankhaften Seelenzustand durch einen Vergleich zu veranschaulichen, wir sind ähnlich denen, welche von Seekrankheit und Schwindel erfaßt sind, welche meinen, alles drehe sich, während sie sich doch selbst drehen. So geht es denen, von welchen wir sprechen. Sie wollen es nämlich, wenn gewisse Ereignisse ihnen Schwindel verursachen, nicht zugeben, daß Gott weiser ist als sie. Ihre Pflicht wäre es, entweder mühsam nach dem tieferen Grund zu forschen, da vielleicht mühsames Suchen mit der Wahrheit belohnt wird, oder bei solchen, die mehr Weisheit und Geist als sie selber besitzen, sich Rat zu erholen, da ja auch dies eine Gnadengabe ist und Erkenntnis nicht allen geschenkt ist, oder endlich sich Erkenntnis durch Reinheit des Lebens zu erwerben und Weisheit von der wahren Weisheit zu erbitten. Jene aber halten sich in ihrer Torheit an das

[1] Joh. 5, 29.

Näherliegende und machen sich weis, in der Welt herrsche der Unverstand; denn sie verstehen nicht den Verstand. Sie sind weise in ihrer Dummheit, oder vielmehr, sie sind wegen ihrer übergroßen Weisheit — um mich so auszudrücken — unweise und unverständig. Daher
haben die einen angenommen, es gebe einen Zufall und *
ein blindes Geschick. Wirklich blinde, vom Zufall ersonnene Ideen! Sie glauben an eine blinde, zwingende
Herrschaft der Gestirne, welche nach ihrem Willen, bzw. *
mit Notwendigkeit unser Leben leiten. Sie betonen die
Konstellation der Planeten und Fixsterne und eine alles *
beherrschende Bewegung. Andere haben, dem armen Menschengeschlechte ihre Einfälle lehrend, das Unerreichbare und Unerfaßbare der Vorsehung dadurch näher zu bringen gesucht, daß sie in den Lehren und Bezeich-
nungen Unterscheidungen machten. Manche haben die *
Vorsehung sogar zu großer Armut verurteilt, indem sie zwar annahmen, daß das, was über uns ist, von ihr geleitet wird, aber Bedenken trugen, die Vorsehung auch auf uns, die wir doch vor allem deren bedürfen, auszudehnen, gerade als ob sie gefürchtet hätten, sie könnten den Wohltäter, wenn sie ihm zu viel Wohltaten zuschreiben, zu gut machen oder Gott möchte ermüden, wenn er zu vielen Gutes erweist.

33. Doch lassen wir diese, wie gesagt, beiseite, da schon die Schrift dieselben abgewiesen hat mit den Worten: „Ihr unverständiges Herz ist eitel geworden; wenn sie behaupten, sie seien weise, sind sie Toren. Die Herrlichkeit des unvergänglichen Gottes haben sie vertauscht[1]", indem sie mit nebelhaften Sagen die alles beherrschende Vorsehung entehrten. Wir aber wollen weder selber solche wunderliche Dinge ersinnen, sofern wir als vernünftige Wesen und Verehrer der Vernunft für Logik Verständnis haben, noch wollen wir den Glauben jener Leute annehmen, mag auch ihre Zunge die albernen Behauptungen und Lehren recht geschickt darstellen und durch die Neuheit anziehend wirken. Wir wollen vielmehr glauben, daß der, welcher alles geschaffen und gemacht hat, Gott ist. Wie könnte denn das

[1] Röm. 1, 21 f.

Weltall bestehen, wenn nicht einer ist, der ihm Sein und Ordnung verliehen hat? Wir wollen auch an eine Vorsehung glauben, welche dieses Weltall zusammenhält und vereint; denn der Schöpfer muß für seine Werke sorgen. Sollte aber das Weltall von blindem Zufall getragen werden, dann würde es, da der Materie die Ordnung fehlt, gleich einem vom Sturm erfaßten Schiffe sofort in Trümmer zerfallen und ins alte Tohuwabohu zurückkehren. Wir wollen daran festhalten, daß vor allem unser Leben von unserem Schöpfer oder — wenn dir der
* Ausdruck lieber ist — von unserem Bildner geleitet wird, mag auch unser Leben durch Gegensätze gehen, welche uns vielleicht deshalb unverständlich bleiben, damit uns unsere Unkenntnis zur Bewunderung der höchsten Weisheit führe. Denn alles, was leicht erfaßt wird, wird leicht verachtet, während das, was über uns ist, um so mehr Bewunderung findet, je schwerer es zu erreichen ist, und all das, was sich unserem Verlangen entzieht, die Sehnsucht weckt[1].

34. Wir wollen daher nicht jeden Gesunden bewundern, aber auch nicht den Kranken verachten. Nicht wollen wir uns an den vergänglichen Reichtum hängen, mehr als recht ist, dem Vergänglichen mit dem Herzen ergeben und mit dem Vergänglichen gewissermaßen einen Teil der Seele verzehrend. Nicht wollen wir die Armut verfolgen, als wäre sie etwas ganz Abscheuliches und Fluchwürdiges oder als wäre in ihr ein Los zu sehen, das wir hassen müssen. Wir wollen es lernen, eine

---

[1] Gregor von Nyssa schrieb in „Leben des Moses“ (Migne, P. gr. 44, 404 D): „Darin besteht tatsächlich das Schauen Gottes, daß wir niemals eine Befriedigung unserer Sehnsucht finden“ *(τοῦτό ἐστιν ὄντως τὸ ἰδεῖν τὸν θεόν, τὸ μηδέποτε τῆς ἐπιθυμίας κόρον εὑρεῖν)*. Zu diesen Worten bemerkt K. Holl, „Amphilochius von Ikonium (Tübg. und Leipzig 1904) S. 207: „An diesem Punkte enthüllt sich das Innerste der Vorstellung Gregors von der Seligkeit. Seligkeit ist ihm das Hochgefühl, in der Einheit mit Gott ins Unendliche zu wachsen. In dieser Stimmung ist Gregor mit Origenes einig. Aber es ist auch einer der letzten, wo nicht der letzte, der diese jugendfrische Empfindung vertritt. Bald genug kam die Zeit, wo man in der Seligkeit nur Ruhe, nichts als Ruhe begehrte.“

törichte Gesundheit, deren Frucht die Sünde ist, zu verachten und eine heilige Krankheit zu ehren; wir wollen * diejenigen schätzen, welche im Leiden gesiegt haben, und bedenken, in den Leidenden kann ein Job verborgen sein, der viel ehrwürdiger ist als die gesunden Menschen, mag er auch seine Geschwüre abschaben müssen[1], mag er auch Tag und Nacht unter freiem Himmel darben, von Krankheit, dem Weibe und den Freunden bedrängt. Ungerechten Reichtum wollen wir zurückweisen, der schuld daran ist, daß der Reiche in den Flammen mit Recht leidet und um einen kleinen Tropfen Wasser zur Abkühlung bittet[2]. Dankbare und weise Armut wollen wir preisen; sie hat Lazarus gerettet und mit der Ruhe in Abrahams Schoß beschenkt.

35. Mir scheint Barmherzigkeit und Mitleid mit den Dürftigen auch deshalb notwendig zu sein, um die Unbarmherzigen zum Schweigen zu bringen und törichten * Reden nicht einen Sieg zu lassen, welcher die Grausamkeit gegen uns selbst zum Gesetze erheben würde. Wir müssen mehr Achtung vor den Geboten und Beispielen * aller haben. Wie lauten ihre Gebote? Sie sind, worauf ihr zu achten habt, immer ein und dieselben. Denn nicht haben die Männer des Geistes, nachdem sie ein oder * zweimal ihre Forderung bezüglich der Armen gestellt hatten, ihre Forderung geändert. Auch haben nicht die * einen das Gebot gegeben, die anderen nicht, noch haben die einen dasselbe mehr, die anderen weniger betont, als wenn es sich nicht um ein bedeutendes Gebot und nicht um eine zwingende Notwendigkeit handeln würde. Vielmehr haben alle dasselbe mit gleichem Nachdruck als erste oder eine der ersten Forderungen erlassen, bald in der Form von Mahnungen, bald in der von Drohungen und Zurechtweisungen; bisweilen auch haben sie die, welche ihre Pflicht taten, belobt, um ja durch andauerndes Drängen ihre Forderung wirksam zu machen. „Wegen des Elendes der Armen und der Bedrängung der Notleidenden will ich mich nun erheben, spricht der

---

[1] Job 2, 8.
[2] Luk. 16, 24.

Herr[1]." Wer sollte nicht den Herrn fürchten, wenn er sich erhebt? „Herr, mein Gott, erhebe dich, deine Hand strecke sich aus, vergiß nicht der Armen[2]!" Wir wollen uns vor solchem Ausstrecken sicherstellen, nicht wollen wir darnach verlangen, zu sehen, wie sich seine Hand gegen die Ungehorsamen erhebt, bzw. wie schwer sie auf den Hartherzigen ruht. „Nicht vergaß ich des Geschreies der Armen[3]." „Nicht vollständig wird der Arme vergessen werden[4]." „Seine Augen schauen auf den Armen; seine Augenlider forschen nach den Kindern der Menschen[5]." Der Blick mit den Augen ist wichtiger und mächtiger; das Schauen mit den Augenlidern ist sozusagen unbedeutender und geringer.

36. Vielleicht möchte jemand einwenden, diese Worte seien zugunsten jener gesprochen, welche in Armut und Dürftigkeit Unrecht erleiden müssen. Es mag sein. Doch lasse dich auch durch folgende Erwägung zum Mitleid bewegen! Wenn jenen Unrecht geschieht, ist die Sorge (Gottes) so groß; wenn jene aber Gutes erfahren, ist (Gottes) Dank offenbar noch größer. Wenn der, welcher einen Armen verachtet, den Schöpfer zum Zorne reizt[6], dann ehrt den Schöpfer der, welcher sich seines Geschöpfes annimmt. Wenn du (das Schriftwort) hörst: „Der Arme und der Reiche begegnen sich; beide hat der Herr erschaffen[7]", dann darfst du nicht meinen, der Herr habe den einen als Armen, den anderen als Reichen erschaffen, damit du dich noch mehr über den Armen erhebest. Denn es steht nicht fest, daß jene Verschiedenheit von Gott komme. Vielmehr sind — so will die Schrift sagen — beide in gleicher Weise Gottes Geschöpfe, mögen auch ihre äußeren Verhältnisse verschieden sein. Lasse dich durch diese Erwägung zu Mitleid und Bruderliebe bewegen! Während der erste Teil (der

[1] Ps. 11, 6.
[2] Ps. 9, 33.
[3] Ps. 9, 13.
[4] Ps. 9, 19.
[5] Ps. 10, 4.
[6] Sprichw. 17, 5.
[7] Ebd. 22, 2.

Schriftworte) dich stolz machen könnte, soll der zweite Gedanke dich demütigen und bescheidener machen. Weiter heißt es in der Schrift: „Wer sich des Armen erbarmt, leiht Gott auf Zinsen[1]." Wer sollte einen solchen Schuldner zurückweisen, der das Darlehen zur Zeit mit Zinsen zurückgibt? Wiederum steht geschrieben: „Durch Barmherzigkeit und Treue wird man von Sünden gereinigt[2]."

37. Zeigen wir daher Mitleid, um gereinigt zu werden! Den Schmutz und die Flecken der Seele wollen wir mit diesem schönen Pflänzchen beseitigen. Wir wollen weiß wie Wolle, bzw. wie Schnee werden, je nachdem wir Barmherzigkeit erwiesen haben. Ich will noch einen packenden Gedanken vorlegen: Wenn du auch keinen Beinbruch, keine Strieme, keine entzündete Wunde hast, auch die Seele nicht an Aussatz leidet und du keinen Ausschlag, der Aussatz vermuten läßt oder deutlich zeigt, hast, welcher, wenn ihn auch das Gesetz rasch rein erklärte[3], gleichwohl des kommenden Heilandes bedurfte, so erschrick doch in Ehrfurcht vor dem, der unsertwegen verwundet und mißhandelt worden ist! In Ehrfurcht wirst du aber erschrecken, wenn du dich gegen das Glied Christi gut und mitleidig zeigst. Sollte jedoch etwa der Räuber und Tyrann unserer Seelen dich, entweder da du von Jerusalem nach Jericho hinabgingst oder da er dich sonst irgendwo unbewaffnet und ungerüstet fand, in einer Weise zugerichtet haben, daß du mit Recht sagen kannst: „Meine Striemen riechen und faulen infolge meiner Torheit[4]", solltest du so schlecht daran sein, daß du nicht einmal Heilung suchst und daß du gar nicht den Weg zur Gesundung kennst, dann steht es wahrlich schlimm mit deinen Wunden, und geht dein Elend in die Tiefe. Wenn du dich aber noch nicht vollständig verloren gibst und noch Hoffnung auf Heilung hast, dann gehe zum Arzte, bitte ihn und heile die Wunden durch die Wunden; erwirb das Ähnliche durch das

[1] Sprichw. 19, 14.
[2] Ebd. 15, 27.
[3] Vgl. Lev. 13 u. 14.
[4] Ps. 37, 6.

Ähnliche, bzw. heile das Größere durch das Geringere! Der Herr wird zu deiner Seele sprechen: „Ich bin dein Heil[1]", „dein Glaube hat dir geholfen[2]" und „siehe, du bist gesund geworden[3]". Alle diese tröstenden Worte wird er zu dir sprechen, wenn er nur sieht, daß du für die Notleidenden ein Herz hast.

38. Der Herr sagt: „Selig sind die Barmherzigen, denn sie werden Barmherzigkeit finden[4]." Barmherzigkeit ist nicht die geringste unter den Seligkeiten. Und „selig ist, wer Verständnis hat für den Dürftigen und Armen[5]". Und „selig der Mann, der sich erbarmt und gibt[6]". Und „den ganzen Tag erbarmt sich der Gerechte und leiht aus[7]". Reißen wir den Segen an uns, lassen wir uns als verständig bezeichnen, seien wir milde! Selbst die Nacht soll dich nicht im Gutestun unterbrechen. Sage nicht: „Komme wieder, morgen werde ich dir geben[8]!" Nichts trete zwischen den Vorsatz und die Ausführung der Wohltaten! Nur Barmherzigkeit duldet keinen Aufschub. „Brich dem Hungernden dein Brot, führe die armen Obdachlosen in dein Haus[9]" und zwar mit Bereitwilligkeit! Denn es heißt: „Wer sich erbarmt, tue es mit Freude[10]!" Durch die Bereitwilligkeit verdoppelt sich der Wert deiner Wohltat. Was mit Bitterkeit und gezwungen geschieht, entbehrt der Freundlichkeit und Gefälligkeit. Wohltaten sollen Freuden und nicht Tränen hervorrufen. „Wenn du — wie es heißt[11] — die Fessel wegnimmst" und nicht wählerisch bist, d. i. nicht kleinlich und empfindlich, nicht zögernd und mürrisch, was wirst du ernten? Großes und Wunderbares! Herrlich und reichlich ist dein Lohn. „Am Morgen wird dein Licht

[1] Ps. 34, 3.
[2] Matth. 9, 22.
[3] Joh. 5, 14.
[4] Matth. 5, 7.
[5] Ps. 40, 1.
[6] Ps. 111, 5.
[7] Ps. 36, 26.
[8] Sprichw. 3, 28.
[9] Is. 58, 7.
[10] Röm. 12, 8.
[11] Vgl. Is. 58, 6.

hervorbrechen, und schnell wird deine Heilung kommen[1]." Wer sollte sich nicht nach Licht und Heilung sehnen?

39. Auf mich macht Eindruck die Kassa, welche Christus hatte führen lassen[2], und durch welche er uns zur Armenfürsorge auffordert, ferner das einmütige Verhalten von Paulus und Petrus, von welchen zwar jeder in der Predigt des Evangeliums seinen eigenen Weg ging, welche aber gemeinsam sich der Armen annahmen[3], endlich die Vollkommenheit des (reichen) Jünglings, welche * nach der Vorschrift (Jesu) sich darin zeigen sollte, daß sie gab und Gutes den Armen schenkte[4]. Glaubst du vielleicht, Nächstenliebe sei freigestellt und nicht Pflicht, sei nur Rat und nicht Gesetz? Auch ich hatte den ganz * gleichen Wunsch und die gleiche Meinung[5]. Doch mich schrecken die linke Hand (des göttlichen Richters), die * Böcke und die Strafworte, welche ihnen der Richter zuruft; nicht waren sie ja wegen Diebstahl oder Tempelraub oder Ehebruch oder wegen der Übertretung eines sonstigen Verbotes verurteilt worden, sondern weil sie nicht in den Notleidenden Christus gedient hatten[6]. *

40. Wenn ihr, Diener, Brüder und Erben Christi, nun * auf mich hören wollt, dann wollen wir, solange es noch Zeit ist, Christus besuchen, Christus heilen, Christus ernähren, Christus bekleiden, Christus beherbergen, Christus ehren, aber nicht nur durch Bewirtung, wie es einige getan haben, und nicht gleich Maria mit Salben[7] und nicht bloß durch ein Grab wie Joseph von Arimathea[8], auch nicht durch Geschenke für die Beerdigung gleich

---

[1] Is. 58, 8.
[2] Joh. 12, 6; 13, 29.
[3] Gal. 2, 9 f.
[4] Matth. 19, 21.
[5] Auch Gregor hatte seinerzeit, da er noch in der Einsamkeit ferne von Menschen lebte, das Gebot der Nächstenliebe noch nicht genügend erfaßt. Er hatte damals die θεωρία noch der πρᾶξις vorgezogen. Vgl. oben Kap. 6 Anm.!
[6] Matth. 25, 31 ff.
[7] Luk. 7, 37 f. Joh. 12, 3.
[8] Joh. 19, 38.

* Nicodemus[1], der ein heiliger Christ war, auch nicht mit
Gold, Weihrauch und Myrrhen, wie es vor den Genannten die Magier getan hatten. Da der Herr der Welt Barmherzigkeit will und nicht Opfer[2], und da Mitleid mehr
* Wert hat als Tausende von fetten Lämmern, so wollen wir ihm in den Notleidenden, die heute niedergestreckt sind, Barmherzigkeit zeigen, damit sie, wenn wir von
* hier scheiden müssen, uns in die ewigen Zelte aufnehmen in Christus, unserem Herrn, dem die Ehre sei in alle Ewigkeit. Amen!

---

[1] Joh. 19, 39.
[2] Matth. 9, 13.

Erläuterungen zum Autor und zum Text

I. Die Reden 6 und 14 auf dem Hintergrund der Lebensumstände Gregors von Nazianz sowie äußerer Begebenheiten und Zustände im 4. Jahrhundert

Zwei anerkanntermaßen vorzügliche Gelegenheitsreden Gregors von Nazianz mit verschiedener Thematik sind es, die hier in Übersetzung und mit Erklärung vorgestellt werden: *oratio 6* (»Über den Frieden«) und *oratio 14* (»Über die Liebe zu den Armen«).

Leben und Wirken Gregors von Nazianz fallen in eine – man kann es getrost so formulieren – kirchenpolitisch wie gesellschaftspolitisch unruhige Epoche. Dies soll in einem kurzen Abriß der wichtigsten Ereignisse im Leben des Kirchenvaters aufgezeigt werden[1].

Geboren um 329/330[2] in oder bei Nazianz[3] in Kappadozien

[1] Ich darf mich für das folgende, ein Referat von bekannten, mehrmals traktierten Fakten, auf die gediegene und ausgewogene Darstellung des Lebens Gregors von *M. Wittig* stützen, die er seiner Übertragung der Briefe Gregors in BGrL 13, Stuttgart 1981, vorausgeschickt hat (S. 1–53). Daneben wird man nicht ohne Nutzen *J. Barbel*, Gregor v. Nazianz, Die fünf theologischen Reden (Testimonia III), Düsseldorf 1963, sowie *K. B., Bonis*, Γρηγόριος ὁ Θεολόγος (Βίος καὶ ἔργα, συγγράμματα καὶ διδασκαλία), Athen 1982, heranziehen. Zusätzlich sei auf *H. von Campenhausen*, Griechische Kirchenväter, Stuttgart ⁴1967, 101–113 (8. Kap.) verwiesen. Alle diese basieren wiederum auf älteren Darstellungen wie der *Ullmann's* (Gotha ²1866) oder *Gallay's* (Paris 1943). Nicht zu vergessen sind noch die einschlägigen Patrologien von *Altaner-Stuiber*, Freiburg i. Br. ⁹1980, 298 ff., und von *J. Quasten*, Madrid ²1973 (Übers. von *I. Oñatibia*), vol. II, 261 ff.

[2] Ein genaueres Datum ist nicht zu eruieren: *Wittig*, 2–3. Hingegen kommt *Ch. Jungck* in der Zeittafel, einem Anhang zu seinem Kommen-

als vermutlich ältestes Kind einer begüterten christlichen Familie wuchs Gregor in gesicherten Verhältnissen heran, die seine gediegene schulische Ausbildung gewährleisteten. Der Vater *Gregor* – zur Unterscheidung vom Sohn *»der Ältere«* genannt – war anfänglich Nichtchrist, fand aber auf Betreiben seiner Frau *Nonna,* die als Vorbild christlicher Frauentugend und Frömmigkeit galt, zur Lehre Christi und wurde sogar Bischof von Nazianz (um 329)[4]. Nach ersten Erfahrungen als Student in Cäsarea, der Hauptstadt der Provinz, wo er deren späteren Bischof, *Basilius den Großen,* kennenlernte, zog er nach Cäsarea in Palästina und weiter nach Alexandrien, um in der berühmten Katechetenschule seine Studien voranzutreiben. Die Endstation in seiner Studienzeit war dann Athen, wo ihn berühmte Lehrer der Redekunst wie *Himerios* und *Libanios* zu ihren Schülern zählten. Vorher hatte er mit dem nicht minder berühmten *Polemon* Bekanntschaft gemacht, allesamt »Sophisten«, denen Gregor zum Gutteil sein formales Rüstzeug verdankt. Gregor war damals ungefähr 30 Jahre alt.

Wieder daheim in Nazianz wandte sich Gregor von der aktiven Beschäftigung mit der Redekunst ab und war entschlossen, sein weiteres Leben ganz auf Gott auszurichten[5]. Nach einem kurzen Intermezzo im Pontus, wo er zusammen mit dem früher dorthin gekommenen Basilius in mönchischer Gemeinschaft weilte, kehrte er wieder zurück

tar zu Gregors Gedicht *De vita sua,* Heidelberg 1974, nach älteren Berechnungen auf ca. 326. Dem wird seitens *Bonis,* 50, widersprochen, der sich selbst auf 329 festlegt. Vgl. übrigens dessen Zeittafel, 11–16.

[3] Auch hierüber wird debattiert: *Wittig,* ebd.

[4] Vgl. neben *Jungck* und *Bonis,* 29, noch *M.-M. Hauser-Meury,* Prosopographie zu den Schriften Gregors von Nazianz (Theophaneia 13), Bonn 1960, 88.

[5] Vgl. neben der von *Wittig,* 14, ausgeschriebenen St. or. 6, 5 etwa auch or. 7, 9, 765 A–B (*H.,* 217: »Ich für mich entschloß mich hierauf, Mönch zu werden [φιλοσοφεῖν] und mich für das jenseitige Leben einzurichten ...«).

nach Nazianz, um seinen bejahrten Vater in dessen Hirtentätigkeit zu unterstützen. Bald sollte es einen Anlaß geben, wo er seine Fähigkeiten als rechte Hand des Vaters unter Beweis stellen konnte: das spezifische Ereignis, aus dem letztlich die hier abgedruckte Rede 6 hervorgegangen ist.

Gregor der Ältere hatte sich um das Jahr 360 aus nicht näher auszumachenden Gründen herbeigelassen, die Glaubensformel von Rimini, die im Verdacht stand, arianisch inspiriert zu sein, gegen den Willen der Mönche seiner Diözese zu unterschreiben[6]. Daraufhin erfolgte eine viel Unruhe stiftende Abkehr derselben von ihrem Oberhirten. Der Sohn Gregor sah sich veranlaßt zu vermitteln. Die in dieser Sache gehaltene Rede ist uns unter der Nummer 6 im Corpus seiner sämtlichen Reden erhalten, datiert allerdings erst aus den Jahren 364 oder 365, der Zeit nämlich, als ein endgültiger Schlußstrich unter die ganze Affäre gezogen wurde[7]. Unterdessen war Gregor unfreiwillig von seinem Vater zum Priester geweiht worden, wohl um die Jahreswende 361/362[8] – ein Faktum, das den überhaupt mehr der beschaulichen Zurückgezogenheit als kirchlichen Amtsgeschäften zuneigenden Sohn zum abermaligen Exodus von daheim zu Basilius in den Pontus verleitete. Es war auch die Zeit, da *Julian*, genannt *»der Abtrünnige«*, den übrigens Gregor seit seinem Studienaufenthalt in Athen persönlich kannte, nach dem Tode des Konstantius den Kaiserthron bestieg und sich durch seine intoleranten Maßnahmen gegen die Christen den Kirchenvater zum erklärten Feind machte.

Für unseren Zweck genügt es, wenn wir die weiteren Begebenheiten im Leben Gregors in groben Umrissen

[6] Vgl. *Hauser-Meury*, 88f.; *Wittig*, 17f.; *Bonis*, 78ff.

[7] *Hauser-Meury*, 89, A, 175; *Bonis*, 143; vgl. auch *Jungck's* Zeittafel sowie die Einleitung zur Ausg. der Reden Gregors, 1. Bd., in ΕΠΕ Nr. 18, Thessaloniki 1975, 15 und 27.

[8] *Barbel*, 8; *Wittig*, 18; *Bonis*, 83f., 139, wozu allerdings seine Zeittafel, S. 12, im Widerspruch steht, wo für dieses Ereignis 358/359 angegeben ist!

zeichnen, um uns unserem eigentlichen Thema zuzuwenden, den Reden 6 und 14.

Bald wieder daheim (um Ostern 362), legt Gregor in den Reden 1, 2 und 3 Rechenschaft ab über seine Flucht[9]. Ein gewichtiger Aspekt seiner Beweisführung ist bezeichnenderweise sein Hang zur Einsamkeit. Während Gregor fortab als Stütze seines Vaters in seiner Gemeinde wirkte, war Basilius, inzwischen aus dem Pontus zurückgekehrt, nicht ohne Zutun Gregors des Älteren und seines Sohnes zum Bischof von Cäsarea aufgerückt (370)[10]. In dieser Funktion bestellte der – im Gegensatz zu Gregor – von einem nüchternen Pragmatismus geprägte Mann seinen widerstrebenden Freund zu einem seiner »Unterbischöfe« in dem öden Marktflecken Sasima (372)[11]. Gregor war ob dieser »Vergewaltigung« oder »Tyrannei« (wie er es nennt) sehr verbittert und sah sich genötigt, nach bewährtem Verfahren in Reden (bes. or. 10 und 11) seinem Unmut Ausdruck zu verleihen. Wenn sich Gregor dann doch der ihm übertragenen Last beugte, fragt es sich, ob in dieser Entscheidung der bestimmende Faktor nicht die Autorität seines betagten Vaters gewesen ist, mit dem zusammen er fürs erste die Seelsorge übernehmen wollte »gleich dem Jungen, das nicht untätig sich im Fluge in der Nähe des mächtigen, hochfliegenden Adlers hält«[12], dabei es sich jedoch unbenommen ließ, später einmal dem (seinem) Geiste es zu überlassen, wozu er ihn beflügeln wolle – ein Bekenntnis, das Gregor trotz rhetorischer Tönung so recht aus dem Herzen gesprochen ist. Gregor der Ältere verstarb nahezu hundertjährig im Jahre 374[13]. Die Trauerrede auf ihn ist, wie seine übrigen Reden zu solchem Anlaß (die auf seine

[9] Darüber s. *Wittig*, 19f. (mit weiterer Literatur), 48f.; *Bonis*, 139ff.

[10] *Hauser-Meury*, 40 mit A. 44; *Wittig*, 21.

[11] *Barbel*, 10; *Hauser-Meury*, 44, A. 49 (Pkt. 2); *Jungck*, Zeittafel.

[12] Or. 12, 5, 849 A (nach H., 268).

[13] *Hauser-Meury*, 90; *Jungck*, Zeittafel; *Wittig*, 29. Die Zahl 373 bei *Barbel*, 12, dürfte auf einem Irrtum beruhen.

Geschwister *Caesarius* und *Gorgonia* sowie zuletzt auf *Basilius:* 7, 8 und 43), ein Kunstwerk ersten Ranges.
In den fünf Jahren bis zum Tode des Basilius (am 1. Januar 379)[14] versah Gregor nur sporadisch seine kirchlichen und seelsorglichen Aufgaben; den Großteil der Zeit verbrachte er ohne lästige Verpflichtungen in Seleukia in Isaurien. Als Literat hingegen, der zu verschiedensten Anlässen fein stilisierte Reden zu verfassen wußte, war er in all den Jahren stets im Einsatz. Während die berühmte Totenrede auf Basilius 381, also erst zwei Jahre nach dessen Hinscheiden, gehalten wurde[15], datiert – um zum Thema von or. 14, der zweiten hier *in extenso* vorgelegten Rede, überzuleiten – die Rede »Über die Liebe zu den Armen« bereits aus dem Jahre 373, aus der Zeit, da auf Initiative des Basilius bei Cäsarea ein Siechenheim eingerichtet wurde[16]. Gregor nahm die Gelegenheit wahr, mit der Kraft seines Wortes die desolaten sozialen Zustände in seinem Lande zu geißeln[17] und einen flammenden Appell an die Nächstenliebe zu richten. Damit warb er vorzüglich für das bewundernswerte Sozialwerk des Basilius. Gregor zeigt sich uns hier als Mensch von hohem humanitären Ethos, nicht anders als in or. 6, die ihm für sein Versöhnungsbemühen das beste Zeugnis ausstellt[18].
Die große Zeit für Gregor kommt eigentlich erst mit seinem Auftreten in Konstantinopel im Jahre 379[19]. Er folgte einem Ruf der dortigen orthodoxen Gemeinde, die sich von den Arianern bedrängt sah. Die Gelegenheit schien günstig, da die

[14] *Hauser-Meury,* 39; *Barbel,* 12.

[15] *Barbel,* 12; *Bonis,* 14 und 138.

[16] *Wittig,* 58; zur Datierung: *Bonis,* 145, sowie die Einleitung zu ΕΠΕ 18 (Greg., 1. Bd.), 29.

[17] In einer regelrechten »Sittenpredigt«, wie *Barbel,* 22, treffend bemerkt.

[18] Dagegen werfen die gehässigen Invektiven gegen Kaiser *Julian* (or. 4 und 5), mögen sie auch vom Standpunkt der Apologetik verständlich scheinen, ein weniger günstiges Licht auf den Kirchenvater.

[19] *Barbel,* 13; *Bonis,* 13–14 und 97 ff.; *Hauser-Meury,* 168.

Regierungsgewalt nach dem Tode des arianisch gesinnten Kaisers *Valens* auf den rechtgläubigen Theodosius übergegangen war. Es währte nicht lange, bis Gregor zum Bischof der Metropole gewählt wurde. Als solcher entfaltete er ein ungeahntes organisatorisches Talent und erbrachte kirchenpolitische Leistungen, die vorher von ihm kaum jemand erwartet hätte. Immerhin schirmte er die Gemeinde vor arianischen Infiltrationsbemühungen ab, wußte es zu verhindern, daß ein gewisser *Maximus aus Alexandrien,* der sich zunächst sein Vertrauen erschlichen hatte, um es dann schamlos auszunützen, an seiner Stelle mit dem Bischofsamt betraut wurde, und meisterte auch gefährliche Anschläge gegen sein Leben, die von Arius-Anhängern verübt wurden. Neben den Arianern gab es noch andere Gruppen, mit denen sich Gregor auseinanderzusetzen hatte. Um allen diesbezüglichen Bestrebungen ein für allemal einen Riegel vorzuschieben und die geradezu bazillusartig um sich greifende Sucht, bei jeder beliebigen Gelegenheit das Trinitätsproblem zu erörtern (und das im Kreis von »Unberufenen«!), nach Möglichkeit einzudämmen, verfaßte er in dieser Zeit[20] seine berühmten fünf »theologischen Reden«. Sie sind es, denen er vornehmlich die Größe seines Namens und nicht zuletzt den Ehrentitel »der Theologe« verdankt. Die zwei anderen Reden für den Frieden, or. 22 und 23, wo sich naturgemäß etliche Parallelen zu or. 6 finden, datieren ebenfalls aus dieser Zeit. Sie haben das Antiochenische Schisma[21] zum Vorwurf, welches durch das von Kaiser *Theodosius* 381 in Konstantinopel einberufene Konzil gelöst werden sollte. Die diesbezüglichen Erwartungen haben sich freilich nicht erfüllt. Solcherlei Kummer machte Gregor verdrossen: Was lag ihm näher als das Konzil den streitenden Parteien zu überlassen und sich

[20] Genauer: 380 (nach *Barbel,* 30; *Wittig* 57, A. 146; u. a.). Bei *Bonis* divergieren wieder die Angaben zwischen seiner Zeittafel, 14 (mit 379 als Datum), und den Ausführungen 134–135, wo 380 angegeben ist!

[21] Darüber s. *Hauser-Meury,* 121 ff. unter »Meletius I«; dort auch zum Konzil; vgl. noch *Wittig,* 36 ff.

zurückzuziehen? Zudem fühlte er sich auch physisch nicht wohl. Nach einer Abschiedsrede (or. 42) trat er die Heimreise an nach Nazianz, um sich fürs erste auf dem elterlichen Anwesen in Arianz zu erholen. Auf vielerlei Zureden seiner Anhänger übernahm er 382 für ungefähr ein Jahr wieder die Leitung seiner Heimatgemeinde[22]. Er zog sich dann krankheitsbedingt, nachdem er es noch durchgesetzt hatte, daß Nazianz einen neuen Bischof bekam[23], endgültig nach Arianz zurück. Ungeachtet seiner kränklichen Natur führte er hier ein streng asketisches Leben, bis er 389/390 starb[24].

II. Gregors von Nazianz Stilkunst

Die Qualitäten Gregors als eines erstklassigen Stilisten und Literaten, dem neben der Auszeichnung »der Theologe« auch die Ehre zuteil wurde, ein zweiter Demosthenes genannt zu werden[25], sind bereits mehrfach behandelt und gewürdigt worden, u. a. durch so berühmte Namen wie den *Eduard Nordens*[26]. Das Register von Gregors stilistischen Techniken spannt sich von kurzen, abgehackten Sätzen (Kennzeichen des sog. kommatischen Stils) – öfters in Frageform, wodurch das Ganze noch lebhafter und wirkungsvoller wird – über ruhig dahinfließende, erzählende Partien bis zu relativ seltenen längeren Perioden. Gregor versteht es meisterhaft, seinen Stil den jeweiligen Situationen und Erfordernissen anzupassen. Als hochgebildeter Literat verfügt er über ein

[22] *Hauser-Meury*, 137, A. 276; 153f., A. 319.

[23] *Hauser-Meury*, 70 unter »Eulalius«.

[24] *Barbel*, 20; *Wittig*, 52 (beide sich auf die Berechnung des Todesdatums von *P. Nautin*, in: RHE 56 [1961] 33–35, stützend); *Bonis*, 121, wozu seine Angabe 390/391 in der chronologischen Übersicht, 15, sonderbarerweise wieder im Widerspruch steht.

[25] Von den Byzantinern: *Dziech*, De Gregorio Nazianzeno diatribae ... alumno, 215 n. 421.

[26] *E. Norden*, Antike Kunstprosa, 2. Bd., Darmstadt [5]1958, 562ff.

reichhaltiges Repertoire von Möglichkeiten, das, was er sagt, mit Abwechslung und Leben zu erfüllen, und zwar mit einer solchen Souveränität, daß seine Worte gleichsam aus einem Guß formuliert erscheinen und nur selten, wenn überhaupt, aufdringlich gesucht und unnatürlich wirken. Er hat die alten, leblosen Formen und Schablonen aus der Rhetorikschule wieder lebendig gemacht und sie in den Dienst einer neuen Ideologie gestellt, und das mit einer solchen formalen Meisterschaft, daß er nicht zum Gefangenen seiner eigenen Begabung wurde, sondern diese doch wieder in Grenzen zu halten und zu beherrschen wußte: »Tatsache ist, daß er nicht der Autor ist, der auf die Suche nach klassischen Formeln geht, sondern es diese sind, die sich ihm von selbst einstellen ...«[27]

Aufs Ganze gesehen, kann man seinen Stil als »attizistisch« bezeichnen mit einer starken Neigung zum »Asianismus«[28], d. h., er orientiert sich einerseits an der klassischen Literatursprache des alten Athen, läßt aber andrerseits seinen Stil durch ein Vielerlei von Stilelementen, die den Rahmen des strengen Klassizismus sprengen, überwuchern: eine Fülle von Bildern und Vergleichen, die bisweilen kettenförmig aneinandergereiht werden, das Prunken mit z. T. entlegenen mythologischen Reminiszenzen, dichterische Worte und Wendungen – man darf nicht vergessen, daß Gregor im Alter seine Gedanken fast nur noch in gebundener Sprache[29], die ein umfängliches Opus füllt, zu Papier gebracht hat! – und andere Merkmale, durch die der »asianische« Stil mit seiner späten Spielart, der sogenannten zweiten Sophistik[30], in deren

[27] Trisoglio, Reminiscenze e consonanze, 204: »Il fatto è che non è l'autore ad andare in cerca delle formule classiche, ma che sono queste a presentarglisi spontaneamente.«

[28] *Norden,* Kunstprosa, 564: »Gemäßigter ›Asianismus‹ ist ... das Wesen der Rhetorik Gregors.« (auch 566).

[29] Zeitlebens war er auch ein eifriger Briefschreiber.

[30] Dazu: Lexikon der Alten Welt, Zürich/Stuttgart 1965, 2563–2565 s. v. ›Redner‹ (Art. v. *W. Spoerri*).

Fahrwasser sich letztlich Gregor bewegt, gekennzeichnet wird. Dazu kommt noch die durchgehende Einflechtung von Bibelzitaten, die, wenn es darum geht, Größen der biblischen Geschichte als Typen oder Vorbilder auftreten zu lassen, nicht selten bis zu ganzen Bildern, biblischen ἐκφράσεις, ausgemalt werden. Somit läßt sich ein ständiges Ineinandergreifen und Sichablösen von biblischen und nichtbiblischen Elementen in Gregors Stil beobachten; kurz, sein Stil ist ein buntes Mosaik verschiedenartigster Komponenten[31]. Allerdings stellt Gregor bisweilen zu hohe Anforderungen an den Scharfsinn des Lesers, wenn er in knappen, dunklen Worten über irgendetwas reflektiert, wenn er ironisch wird oder wenn er auf eine Bibelstelle oder sonst einen Sachverhalt anspielt und den Zusammenhang eben bloß anreißt.

Nicht selten wird erst durch eine Parallele in einer anderen Rede eine betreffende Stelle restlos geklärt. Daher wurde hier in den »Bemerkungen zur Übersetzung« Wert darauf gelegt, möglichst viele Parallelen zusammenzutragen, nicht nur formal-stilistische, sondern auch solche in biblischer Gewandung, die der Form nach nicht unbedingt übereinstimmen müssen, inhaltlich jedoch zusammengehören; wie überhaupt das Hauptaugenmerk auf ausreichende Anmerkungen gerichtet wurde[32].

[31] *Trisoglio*, ebd.

[32] Aus der Knappheit des zur Verfügung stehenden Raumes ergab sich die Schwierigkeit, eine Auswahl des Materials zu treffen, die objektiven Anforderungen einigermaßen gerecht wird.

Bemerkungen zur Übersetzung[33]

VI. Rede

13, 2. Z. v. o.: »Gesetz des Geistes«: auch or. 2,91,493B (nach Röm 7,23).
13, 6. Z. v. o.: (der) »ehrwürdige Körper Christi«: vgl. or. 26,18,1252A: »Glieder Christi ... lieb mir und teuer« (*Röhm* II, 224).
14, 7. Z. v. o.: »Philosophie der Tat«, d. h. hier wohl: das ständige »Arbeiten an sich selbst«, dessen Ziel die »sittliche Vervollkommnung« ist (vgl. etwa or. 4,23,552A; bes. ebd. 113,649B/652A, dazu *A.-M. Malingrey,* »Philosophia«, Paris 1961 [EeC XL] 253ff.).
14, 17. Z. v. o.: »entsagte ich« entspricht nicht dem ἐταπεινώθην des Originals, das etwa durch »wurde ich kleinmütig« wiederzugeben wäre.
14, 14. ff. Z. v. u.: »Ihre Nachtwachen ...« (besser: »ihr Durchwachen« o. ä.): solche die mönchische Lebensweise charakterisierenden Aufzählungen begegnen beim Asketen Gregor des öfteren; vgl. etwa 40,9.369A; ebd. 31,401D/404A, u. a.
14, 13. Z. v. u.: »Schwielen an den Füßen«, eigtl. »... an den Knien«, wie or. 32,19,196C: τύλοις γονάτων.
14, 12. Z. v. u.: »das tiefe Seufzen«. – Vorher steht im Urtext noch das weder von *H.* noch in der lat. Übersetzung berücksichtigte pluralische ἐπιτιμήσεις, »Vorwürfe«, »Anklagen«, dem Zusammenhg. nach *gegen sich selbst;* vgl. or. 2,31,440A, u. a.
14, 9. Z. v. u.: »Verdemütigung« (κατανύξεως), viell. besser »Zerknirschung«, »Reue«, vgl. epist. 163,7 (II, 54 *Gallay,* bzw. 177–178 *Wittig*).
14, 7. Z. v. u.: »Verherrlichung Gottes«: es fehlt die Übersetzg. der folg. Psalmworte (149,6): »im Munde«.

[33] Die Angaben zu den einzelnen Bemerkungen zur Übersetzung (vgl. die Vermerke am Rand der Texte durch *) sind wie folgt zu verstehen: 13, 2. Z. v. o. = Seite 13 dieses Bandes 2. Zeile von oben (v. u. = von unten, f.–ff. = folgende).

14, 5. Z. v. u.: »... Führer«: eigentl. »Verkündiger« (κήρυκες) der wahren Lehre; vgl. or. 18,12,1000B; 19,11,1056A (von Johannes dem Täufer).
14, 1. Z. v. u.: »der Gürtel, ...« (usw.): derlei Oxymora des öfteren, z. B. PG 37,645, v. 31: »der Schmuck eines ordentlichen (schmucken) Kleides ist die Schmucklosigkeit«; ebd. 1370, v. 234.
15, 15. Z. v. o.: Ähnlich or, 43,79,601A von dem in den letzten Zügen liegenden Basilius, der »die noch Anwesenden in den Geheimnissen des Glaubens unterwiesen (μυσταγωγήσας) ... hatte« (I, 287 Röhm).
15, 17. Z. v. u.: »der Reichtum der Armen«: vgl. or. 14,18,880D (*H.*, 287: »durch Armut bereichert«); 34,4,244C; 40,18,381C; epist. 61,5 (I, 79 *Galley*, bzw. 124f. *Wittig:* »arm zu werden für die Reichtümer des Jenseits«).
15, 16. Z. v. u.: »der Besitz der Fremdlinge«: als solche gelten wahre Christen in diesem Leben; vgl. or. 7,4,760B; ebd. 22,784C; 14,21,884C (*H.*, 289: »Fremde und Heimat«); 18,3,988D. (»Besitz« = »Heilsbesitz«, κληρονομία, wie *Elias v. Kreta* verdeutlicht: PG 36,865C/866A).
15, 15. Z. v. u.: »der Kindersegen der Ehelosen«, insofern als in der ehelosen mönchischen Gemeinschaft »Kinder Gottes« (vgl. or. 3,8,524C) im Hinblick auf ihr Tugendleben, das nach Vervollkommnung strebt, heranwachsen. Vgl. die ähnliche Übertragung in or. 13,2,853C (*H.*, 271): »Möge er *[= Basilius]* nur seine Kinder lieben (φιλότεκνος) und für das Wohl der ganzen Kirche sorgen!«
15, 13. Z. v. u.: »das Schwelgen im Verzichten« (οἱ τρυφῶντες τῷ μὴ τρυφᾶν), eines der häufigen Wortspiele Gregors, z. B. auch PG 37,727, v. 648 (τὸ μὴ τρυφᾶν τρυφῶντες) und ebd., 1171, v. 74 (τὸ μὴ τρυφᾶν τρυφῶντα), wonach vielleicht auch an unserer St. nach anderen Handschriften τὸ μὴ zu lesen ist.
16, 16. ff. Z. v. u.; Vgl. 15, 5 f. Z. v. o.: »das Schweigen, noch kostbarer als das Reden«, – eine von Gregor oft hervorgehobene Maxime.
16, 12. Z v. u.: Vgl. Kap. 9 a.E. (21, 11. ff. Z. v. u.) und Kap. 16 a.E. (27, 2. f. Z. v. o.).
16, 10. ff. Z. v. u.: Zu Is 35,10 vgl. or. 23,14,1168A; zum folgenden vgl. Kap. 21 (30, 11. f. Z. v. u.): »wollen wir ... aufrichtig *eins* sein«.
17, 6. f. Z. v. o.: Das hier von Gregor angesprochene »Mitleid« (συμπαθεῖς) geht sowohl auf Christus als auch – die Konsequenz

davon – auf die Mitmenschen, gemäß dem Logion (Mt 25,40): »... wenn ihr es an einem von diesen meinen geringsten Brüdern getan habt, habt ihr es an mir getan.«
17, 13. ff. Z. v. o.: Geradezu ein Topos, vgl. or. 4,3,533B (*H.* 73, 3ff.): »Gott will ich aus Dankbarkeit meine Rede weihen...«
18, 7. ff. Z. v. o.: Vgl. or. 40,18,381AB (*Röhm* I, 62): »Du übst Jungfräulichkeit? ... Diese mache du zur Genossin und Gefährtin des Lebens«; auch ebd. 41,417B (*Röhm*, 85).
18, 14. Z. v. o.: »... festgehalten wird und in uns hineinwächst«, als würde nicht αὔξεται (»heranwächst«), sondern etwa εἰσοικίζεται (wörtlich: »sich ansiedelt«; vgl. or. 2,22,432B) o. ä. hier stehen! Terminologisch sind folg. Stellen zu vergleichen: or. 2,38,445C; 20,6,1072D und ebd. 7,1073A; 21,13,1096B (wegen τηρεῖται); sowie 42,27,492C (*Röhm* I, 355f.): »o möchte ich vernehmen, daß sie (die Dreieinigkeit) allzeit erhöhet und (ihre Ehre) gemehrt werde (αὐξουμένη!) durch Rede und Wandel!«
18, 16. Z. v. o.: »... wie möglich«; eine häufige Floskel, vgl. Kap. 14 (25, 15. f. Z. v. o.: s. dort!)
18, 17. Z. v. o.: Vgl. or. 40,18,381B (*Röhm* I, 62): »Halte sie [die Jungfräulichkeit] in Ehren, damit sie dich ziere, damit sie deinem Haupte verleihe den Kranz der Gnaden und mit der Krone der Freuden dich schütze.« (nach Sir 32,3).
18, 18. ff. Z. v. o.: Vgl. or. 38,7,317C bzw. 45,3,625C/628A; 40,37,412B, wobei ἡγεμ. (»d. seelische Kraft...«) ein spezifisch stoischer Begriff ist (vgl. *Epiktet,* Diss. III 3,1, p. 242 *Schenkl*), τὰ κατὰ Θεὸν διαβήματα (»d. göttlichen Wege«) hingegen biblisch inspiriert ist: vgl. das Apokryphon PsSal 16,9 (auch or. 2,95,497C, u. a.).
18, 15. Z. v. u.: »stille ich«, eigtl. »lasse (dabei) zur Ruhe kommen« (προσαναπαύω), wozu vgl. or. 5,35,709B (Med.).
18, 10. Z. v. u.: Vgl. or. 14,34,904BC (*H.*, 303,9 u. 12f.): »Ungerechten Reichtum wollen wir zurückweisen ... Dankbare und weise Armut (πενίαν ... φιλόσοφον) wollen wir preisen.«
18, 6. Z. v. u.: Das sind Worte, in denen der alte kynische Kosmopolitismus nachklingt.
19, 5. Z. v. o.: Der »Tisch des Logos...«; vgl. or. 5,35,709B (*H.*, 185,23): »geistiger Tisch.«
19, 16. Z. ff. v. o.: »Stimme und ... Leuchter«, wozu or, 21,3,1085B illustrativ ist; i. übrigen vgl. Lk 1,18ff.
19, 8. f. Z. v. u.: Auch Kap. 13 (25, 3. Z. ff. v. o.). Mit »gewissermaßen« gibt *H.* die häufige Wendung οὐκ οἶδ᾽ ὅτι χρὴ λέγειν wieder: vgl. or. 7,21,781C; 43,59,573A; ib. 14,513B.

19, 6. Z. v. u.: Auch der Stoiker verbietet die Freude über fremdes Leid (vgl. *Seneca,* De tranqu. an. 15,5).
19, 5. Z. v. u.: »Schaden für das Ganze«, wozu vgl. Gregors eingehendere Ausführungen in or. 4,75,600C–601A (*H.*, 117–118). Es handelt sich um eine alte Anschauung (vgl. z. B. *Cicero,* De off. III 5,22; *M. Aurel* V 8,13 und dazu *C. Andresen,* Logos und Nomos, Berlin 1955, 92), die nach Bedarf abgewandelt wird.
19, 3. Z. v. u.: Dafür wird anderwärts (or. 45,23,656A a.E.) τὴν ἄνω μητρόπολιν, »die Mutterstadt (*Röhm* I, 113: ›Vaterstadt‹!) dort oben«, gesagt.
20, 3. ff. Z. v. o.: Derlei öfters, vgl. or. 2,116,513A (*H.*, 65): »Hier bin ich, meine Hirten und Mithirten...« (Ἔχετε ἡμᾶς...).
20, 11. Z. v. o.: Zum Zitat (Eph 2,14) s. auch Kap. 21 (30, 9. Z. v. u.).
20, 13. Z. v. o.: »zum Gespötte der Heiden«: vgl. or. 2,83,489A (*H.*, 50), wo es heißt, daß das uneinige Kirchenvolk darob von den Heiden *gehaßt* werde.
20, 16. Z. v. u.: »Wenn Pflanzen...«, ein Vergleich, der mehrmals bei Gregor auftaucht: s. *Kertsch,* in: VigChr 30 (1976) 241–257 und ebd. 31 (1977) 298–307.
20, 11. ff. Z. v. u.: Vgl. or. 2,78,485A; 19,10,1053C; 32,10,185BC; ebd. 13,188D.
20, 6. Z. v. u.: Zu »ganzen Körper«: Kap. 7 (19, 5. Z. v. u.)
20, 4. Z. v. u.: Zu »Naturgesetz« (θεσμῷ φύσεως) vgl. z. B. *Philon,* De opif. mundi 143 (I, p. 50 *Cohn*), und dazu *Kertsch,* in: VigChr 34 (1980) 151.
20, 2. Z. v. u.: Zum Zitat (Eph 4,4) vgl. or. 24,2,1172C, wo in ähnlichem Zusammenhang der voraufgehende Vers dieser Bibelstelle herangezogen wird.
21, 7. ff. Z. v. o.: S. zur St. *Hauser-Meury,* Prosopographie, 44,A. 49 (Basilius II), wonach unter »Hirten« Priester zu verstehen sind, »die von den Mönchen ... während des Schismas geweiht worden waren« (vgl. Kap. 11, S. 22), die nachfolgende Auszeichnung »würdigster der Hirten« nicht – wie einige Kommentatoren wollten (n. 20 bei *Migne* z. St.) – auf Basilius geht, sondern auf eine andere hochverehrte, aber ungenannte Persönlichkeit.
21, 16. Z. v. o.: »Die ganze *Seele* der Kirche...«, wofür Gregor or. 5,35,709A (*H.*, 185,10ff.) von *Körper* redet: »mit Lichtern, die den ganzen Körper der Kirche erleuchten, d. i. mit göttlichen

Erwägungen und Gedanken (wollen wir Gott ehren)...«; or. 12,6 wird differenziert: »allen Kirchen *und* Seelen ... leuchten«, vgl. auch 21,31,1120A.

21, 11. f. Z. v. u.: Vgl. Kap. 19 (29, 19. ff. Z. v. u.).

21, 8. ff. Z. v. u.: ähnliche Überlegungen bezüglich der angestammten »Würde« oder »Wertschätzung« (ἀξίωμα) auch in or. 2,109,508B; 16,15,953C; 22,2,1133A (a.E.).

22, 11. Z. v. o.: Zu »Gut der Eintracht« s. *Fuchs,* Augustin ..., 173 Fn. 1, wo weitere Nachweise für diese »feste Formel« gegeben werden.

22, 16. ff. Z. v. o.: Vgl. ähnliche Gedanken in or. 7,15,773B (*H.*, 222–223): »Dem Erdbeben (von Nicaea im J. 368: s. *Hauser-Meury,* 49) war Cäsarius zwar entgangen, der Krankheit jedoch entging er als Mensch nicht. ... das Los der Krankheit aber teilte er mit den übrigen Menschen.«

22, 11. f. Z. v. u.: Vgl. wegen »Brüder« u. »brüderlich« auch Kap. 20 a.E. (S. 30);

22, 6. f. Z. v. u.: Vgl. or. 2,82,488C (*H.*, 50,7f.): »Besser ein löblicher Krieg, als ein Friede ohne Gott.« Der »Sophist« Ael. Aristides sagt (or. 23,55, vol. II, p. 47 *Keil*), daß man aus einem Krieg oft einen Nutzen ziehen kann, während ein Friede, der auf στάσις (»Uneinigkeit«) basiert, nichts Gutes bringt.

23, 4. f. Z. v. o.: »Lob der Tadellosigkeit«. Die St. ist von *H.* einigermaßen frei wiedergegeben. Es ist hier von der ἁπλότης, der Naivität *Gregors d. Ä.* die Rede, wie auch or. 12,3,845C; 18,18,1005C; ebd. 24,1013A (*H.*, 370: »seine *Einfachheit* ... und seine Bereitwilligkeit, Unrecht zu vergessen.«); ebd. 26,1016C (*Hauser-Meury,* 89 A. 174).

23,8. ff. Z. v. o.: »etwas von der Trinität wegnehmen ...«, eine von Gregor oft getroffene Feststellung, wozu es auch im profanen Bereich Parallelen gibt; vgl. or. 40,44,421C (*Röhm* I,88 unten): »Denn wenn Du Eines der Drei von der Gottheit losreißest, so hast du das Ganze weggenommen und dir die Vollendung«; 36,10,277B; 37,18,304A; 43,30,537B; auch 20,7,1073A; PG 37,1248, v. 46; *Amphiloch. v. Ikon.,* C. haeret. 17 (CChr 3 [1978] 202 Datema); *Max. Tyr.* 38,6a (p. 444 *Hobein*). – »mit entblößtem Haupte«, eine sprichwörtliche Redensart, wie or. 2,20,429B; *Ps.-Caesar.,* Dial. I,1 (resp.), PG 38, 853; u. a.

23, 16. Z. v. u.: »d. wahren Gotteskinder« (τοῖς γνησίοις τὰ πρὸς τὸν Θεόν), wobei γνήσιος in solchem Zusammenhang eine Standardvokabel ist.

23, 10. Z. v. u.: Mit »Gottes Langmut benachteiligt« ist das Original nicht richtig wiedergegeben; es sollte etwa heißen: »wenn er sieht, daß er durch (seine) Langmut (seine Nachgiebigkeit) in bezug auf Gott Schaden nimmt (geschädigt wird)«, oder stärker: »Gottes verlustig geht (Gott einbüßt) – Θεὸν ζημιούμενος«, eine von Gregor übrigens oft gebrauchte Formel, meistens in der Verbindung θεότητα ζημ., u. zw. auch in dem Sinne, daß »Gott geschädigt wird«, was auch an unserer St. im folgenden zum Ausdruck gebracht wird; vgl. or. 23,9,1161A; 25,18,1224B (a.E.); 28,13,44B (Barbel, 91); 34,4,244C (a.E.); ebd. 10,249D; 37,24,308C; PG 37,662, v. 185 (=p. 27 *Werhahn*), wozu *Werhahn*, p. 68, auf den ebenso prägnanten Gebrauch des Verbs bei Mt 16,26 hinweist; auch 3,6,521C (in Verbindung mit der »Trinität«).
23,8. Z. v. u.: »reich ist *für* uns«, sollte wohl heißen: »reich *an* uns«, (da er uns zum Besitz hat); vgl. πλουτεῖν + acc. or. 14,26,892C.
24, 3. ff. Z. v. o.: Zu Gott als »schönstem Wesen« vgl. *Dio Chrysost.*, or. 3,82 (I, p. 47 *v. Arnim*); zum Weiteren: *Greg.*, or. 2,76,484AB; 28,9,37A und ebd. 10,37CD; 38,7,317B (bzw. 45,3,625C); PG 37,749, v. 958ff., einige der markantesten Stellen, wo Gregor auf das Wesen Gottes zu sprechen kommt. Zu den in der Profanphilosophie gelegten ontologischen Prämissen, auf denen die ganze Vorstellung gründet, s. u. a. die Abhandlungen *Pinault's* und *Moreschini's* über den Platonismus bei Gregor, auch *Völker*, Gregor v. Nyssa, 30ff. (bes. 32 u. 44). Bezüglich der Transzendenz Gottes über jegliche Wesenheit vgl. PG 37,507, v. 1 *(Hymnus ad Deum):* Ὦ πάντων ἐπέκεινα, und *Athanas.*, C. gentes 2 (ed. *Thomson*, Oxford 1971, 6, Z. 6) sowie 35 (ebd. 94, Z. 3) nebst *Moreschini*, 1371 n. 95.
24, 12. Z. v. o.: Vgl. wegen »sich nicht zu widersetzen« (ἀστασίαστον) Kap. 10 (22, 2. f. Z. v. o.) u. 13 (Z. 9f.).
24, 18. Z. v. u.: »über seine Stellung hinaus« (ὑπὲρ τὴν ἀξίαν), wozu als Gegensatz vgl. den stoischen term. techn. τὸ κατ' ἀξίαν (*Völker*, Greg. v. Nyssa, 236 + Fn. 8) in or. 2,3,409B.
24, 6. Z. v. u.: Vgl. unten zu Kap. 14 (S. 25).
24, 3. Z. v. u.: Vgl. or. 21,25,1112A; 42,11,472A (a.E.). Die Wendung »durch Neuerungen ...« begegnet auch or. 18,23,1012C.
25, 1. ff. Z. v. o.: Zu »Menschenmörder« usf. vgl. or. 4,62,584C/585A (nach Joh 8,44). Zu »durch Zerrissenheit ...«, womit *H.* πολυειδεῖ wiedergibt (dies Wort auch or. 2,44,452B;

ebd. C; 4,91,621C; 18,39,1037B), vgl. die Bezeichnung des Teufels als ποικίλος (»vielseitig«: *Röhm* I, 168) in or. 24,10,1180C.
25, 10. f. Z. v. o.: Vgl. z.B. or. 4,73,597B; im Hinblick auf »göttliche Eigenschaften«: 14,26,892C (a.E.); 17,9,976CD nebst *Moreschini,* Il platonismo, 1366; des weiteren *Themistios,* or. 1,8d/9a (I, p. 13 Downey).
25, 15. f. Z. v. o.: »durch die Verähnlichung das mögliche zu erreichen« ist nicht ganz richtig; der ganze Passus müßte heißen: »... durch möglichst weitgehende Verähnlichung ihre Würde recht zu wahren«, ἵν᾽ ὡς μάλιστα τὸ εὐγενὲς (vgl. z.B. or. 8,6,796B) αὐτῇ διασώζηται διὰ τῆς ... ὡς ἐφικτὸν ὁμοιώσεως, wozu vgl. u.a. or. 21,1,1084A u. bes. 24,15,1188B.
25, 16. ff. Z. v. o.: »Sodann ...«. Es folgt eine Art *argumentatio ex maiore ad minus:* die friedliche Ordnung des Kosmos, aus der schon die Stoiker ihre bekannte Theodizee rechtfertigten (dazu: *K. Gronau,* Poseidonios u. die jüdisch-christliche Genesisexegese, Leipzig/Berlin 1914, 79 Fn. 2; 96; 107 nebst Belegen für ihr Nachwirken bei Gregor u.a.), soll dem menschlichen Bereich, der Welt im Kleinen, Anschauungsunterricht geben und als Vorbild dienen, wozu s. das Kapitel »Der Friede des Weltalls und das Vorbild der Tiere« bei *Fuchs,* Augustin ..., 96ff. (mit Übersetzg. von Teilen der Kap. 12–16 in eigenen Worten).
25, 15. ff. Z. v. u.: Zu »friedl. Schranken« (εὐνοίας δεσμῶν) usf. vgl. *Basil.,* Hexaëm. hom. II, 2 (148 Giet): φιλίας θεσμῷ (»Gesetz der Freundschaft«) mit der Variante δεσμῷ (!); im übrigen Kapitel 8 (oben 20, 4. Z. v. u.) nebst meinem Aufsatz, 150–151.
25, 11. f. Z. v. u.: Vgl. or. 32,8,184AB; auch or. 4,120,660AB ist der Zusammenhang von Frieden und »Kosmos« impliziert.
25, 7. Z. v. u.: »Gesetz der Eintracht«: vgl. Z. 15ff.
25, 4. Z. v. u.: zu »Elternliebe« (φιλοστοργίαν) vgl. *Plut.,* De sollertia animalium 4,962A; daneben ist auf die uralte Vorstellung von der »Mutter Erde« zu verweisen, z.B. bei *Philon,* De opif. mundi 38 (I, p. 12 *Cohn*); ebd. 133 (p. 46); *Dion Chrysost.,* or. 12,31 (I, p. 163 *v. Arnim*).
26, 2. ff. Z. v. o.: »Tag und Nacht ...«: *s. Kertsch,* Bildersprache ..., 167ff.; zu »gleichwertig« (ἰσομοιρίαν), einem Standardbegriff in derlei kosmologischen Erörterungen, auch Liban., or. 11,225 (I, p. 515 *Foerster*).
26, 5. f. Z. v. o.: »In Ordnung kommen ...«, wozu vgl. or. 28,29,68CD u. 30,69AB; 32,8,181C; 44,10,617C (*Kertsch,* 169).

26, 6. ff. Z. v. o.: zu »Meer und Land ...« vgl. die Übersetzung von *Fuchs*, Augustin ... 98 (bei *Kertsch*, 28–29).
26, 13. f. Z. v. o.: »Die Stoffe ...«: ganz ähnlich or. 2,29,437B (a.E.), wobei die Verbindung μίξεις κ. κράσεις »innige Vermischung (im Sing.: Kap. 2, oben 15, 10. Z. v. o.: »Vereinigung«) ein typisch stoisches Begriffspaar mit älteren Wurzeln ist; vgl. *Kertsch*, in: Emerita 48 (1980) 113ff., wo auch auf die in Rede stehenden kosmologischen Abschnitte eingegangen wird.
26, 19, ff. Z. v. o.: Vgl. or. 28,16,48A–B, und *Gronau*, Poseidonios, 151, Fn. 1 zu unseren Stellen mit der richtigen Bemerkung, daß »solche Beschreibungen lebhaft den Gedanken an die Rhetorenschulen wachrufen«, wo sie zu Gemeinplätzen wurden. In anderem Zusammenhang werden die hier begegnenden Termini von der »innigen Freundschaft« zwischen *Basilius* u. *Gregor* gebraucht: or. 43,14,513B.
26, 19. Z. v. u.: Wegen »verkünden« vgl. Kap. 14 (25, 18, f. Z. v. u.) und or. 44,3,609C.
26, 17. ff. Z. v. u.: »Wenn ... die Stoffe sich ... erheben«, wie der Satan: Kap. 13 (oben S. 24f.); zum folgenden vgl. Kap. 12 (24, 13. ff. Z. v. o.).
27, 1. ff. Z. v. o.: H.'s Übersetzung scheint mir nicht richtig, wenn man Stellen wie or. 18,24,1013B; 22,2,1133A; 42,1,457C; ep. 101,56 (p. 60 G.-J.) und bes. PG 37,732, v. 720 vergleicht. Der Sinn ist: »Ich werde euch, die ihr es ohnehin genau wißt, fragen ...« – Zu »damit wir ...« vgl. Kap. 4 (oben 16, 13. Z. v. u.) u. or. 14,28,896B.
27, 19. Z. v. u.: »wichen ... d. Flüsse zurück«, konkret: der Jordan, or. 4,19,548B (vgl. *Kertsch*, Bildersprache, 85 Fn. 4).
27, 16. f. Z. v. u.: zur Paraleipsis »Soll ich noch erzählen ...« vgl. die ähnliche Abschlußformel in or. 4,19 (*H.*, 83,21): »Wozu soll ich alle Wunder aufzählen ...«
27, 7. f. Z. v. u.: »in ihrem törichten Handeln ...« gibt das Original τῆς ἀπονοίας (dazu s. n. 47 zu or. 2,32,440B; 25,13,1216C; 43,48,560A) ἦν ... ἀπενοήθησαν *(figura etymologica)* recht frei wieder!
28, 8. Z. v. o.: »geweihte Stätte« (soll heißen: Stätten), ἀβάτοις, wozu vgl. or. 4,55,577C: von entsprechenden heidnischen Einrichtungen unter *Julian*.
28, 9. f. Z. v. o.: »mit Gefäßen ...«, eine Übersetzung, die entweder κάδων (Vorschlag von *J. B. Bauer*) oder zumindest καὶ τῶν ἀψαύστων (so auch or. 24,9,1180A a.E. u. – im gleichen Zusammenhang wie hier – 33,3,217B) voraussetzt. Letzteres

steht bei *Migne* als Variante; im Text ist unverständliches κατῶν (?) gedruckt. Die neugriech. Ausgabe (ΕΠΕ 18,260) hat καὶ τῶν mit einer Übersetzung (261), die mit der lateinischen bei Migne konform geht.
28, 13. f. Z. v. o.: »das unheilige ... Feuer«; eigentlich: »fremde (fremdartige) F.« (πῦρ ἀλλότριον), durch das *Nabuzardan* (wird or. 33,3,217B u. 43,47,557B erwähnt) Jerusalem in Brand gesetzt hat: s. 4. Kö 25,8ff. u. Anm. bei *Migne*. Offenbar ist hier gemeint, daß der Opferkult im Tempel (= »das heilige Feuer und das heilige Blut«) durch die feindlichen Kriegsgreueltaten (= »unheiliges Feuer und Ströme von Blut«) unmöglich gemacht wurde.
28, 16. ff. Z. v. o.: »Nazaräer« (dazu s. u. a. den Art. *Nazareeër* von *Bouwman* in Woordenboek der Oudheid II, Bussum 1979, 1984) wird sonst öfters im uneigentlichen Sinn von den Mönchen zur Zeit Gregors gebraucht: vgl. or. 18,35,1032B; 42,26,489C; 43,28,533CD; PG 37,746, v. 913 (hier in der Form »Naziräer«, wozu s. *Bouwman,* ebd. 1985). – Zum folgenden vgl. or. 25,12,1216B, wo in ähnlicher Weise von »Psalmengesängen, die zum Schweigen gebracht und durch Wehklagen ersetzt worden sind« geredet wird.
28, 12. f. Z. v. u.: »Sind diese Verhältnisse nicht schrecklich ...«; eine gängige Form der Klimax, die auch or. 16,6,941C u. ö. begegnet.
28, 4. f. Z. v. u.: »klage ich mit ...«, wozu vgl. or. 9,6,825 B (*H.*, 253f.): »mit den ehrwürdigen Propheten teile ich diese Klage.«
29, 6. ff. Z. v. o.: »Marterl« (στήλη), ein Wort, das den bekannten Schmähreden gegen Kaiser *Julian* den Namen gegeben hat: Στηλιτευτικοὶ λόγοι, »Säulenreden«, wozu s. neben *H.*, 71 Fn. 1, die Anm. 60 zu or. 4 bei *Migne,* 531C. Vgl. auch στηλογραφία or. 42,15,476A.
29, 13. Z. v. o.: Ähnlich *Ael. Aristides,* or. 23,31 (II, p. 40 Keil): δεινὸν γὰρ ἡ στάσις ... (»etwas Furchtbares ist die Uneinigkeit ...«)
29, 17. ff. Z. v. u.: »leichtfertig u. töricht (ἀνοήτους) ..., welche ohne weiteres (ῥαδίως) ...«, eine in der Literatur mehrfach begegnende Feststellung; vgl. *Dion Chrysost.,* or. 20,4 (II, 260 *v. Arnim*): ἀνόητος ... ῥαδίως; *Aristides,* or. 24,10 (II, p. 58 *Keil*) nebst dem auch an unserer St. nachfolgenden Euriposmotiv, wozu s. *Fuchs,* Augustin, 122 Fn. 1; *Kertsch,* Bildersprache, 14ff., bes. 17; ferner *Seneca,* ep. 120,19ff. (womit namentlich Greg., or. 22,5,1136C–1137A zu vergleichen), u. a.

29, 11. u. 8. Z. v. u.: »Hoffnung«: s. zu Kap. 6 (oben 19, 2. Z. v. o.).
29, 1. Z. v. u.: »überall wollen sie sein und nicht sein«: sehr freie Wiedergabe für διὰ τὸ ... εὐκίνητον καὶ ἀστάθμητον, zwei Begriffe, durch die der Wankelmut und die Unberechenbarkeit der Masse charakterisiert zu werden pflegten; vgl. bloß *Demosthenes,* or. 19,136 und *Plutarch,* Praecepta ger. reipublicae 3,799C
30, 14. f. Z. v. o.: Die »Gottes-Furcht« ist für Greg. oberstes Gebot; vgl. or. 21,6,1088B (a.E.); 39,8,344A; bes. 11,5,837B als enge Parallele zu unserer St.: Ἓν φοβηθῶμεν μόνον, τὸ φοβηθῆναί τι Θεοῦ πλέον κτλ. (*H.*, 262: »Nur davor wollen wir uns fürchten, daß wir irgend etwas noch mehr als Gott fürchten« usf.); auch *Basilius,* Hexaem. hom. I, 5 (p. 108 *Giet*).
30, 17. ff. Z. v. o.: Von einem »Verrat an der Wahrheit«, den sich allzu hitzige Glaubenseiferer im Falle ihres Nachlassens bloß einbilden, redet Gregor or. 2,40,448BC u. 21,25,1112A. – »Verdacht u. Furcht...«: ähnlich reflektiert Gregor or. 21,15,1097C. – »Langmut« zeichnete namentlich *Gregor den Ä.* aus; vgl. or. 18,24,1013B (a.E.), wo er bezüglich dieser Eigenschaft mit *Stephanus* zusammengestellt wird. – Zu »gütiges Herablassen« (συγκατάβασις) vgl. or. 21,10,1093A: πρὸς τὸ ταπεινὸν συγκατάβασιν (*Röhm I, 187* unten: »wie er zu den Niedrigen sich herabließ«), als eine der Tugenden des *Athanasius.*
30, 13. f. Z. v. u.: »statt brüderlich...«: vgl. das beispielgebende Vorgehen des *Basilius* nach or. 43,40 (I, 252 *Röhm*): »... durch Wohlwollen sie (die Leute) gewinnend, nicht mit Hilfe seiner *Machtstellung,* sondern mit Nachdruck zwar, aber mit Schonung zugleich sie an sich ziehend.«
30, 5. Z. v. u.: »Würde«(?); ἐπιείκεια wäre richtig wiedergegeben mit »Milde«; vgl. bloß or. 17,10,977A (*H.*, 350,15): »Verbinde *Milde* mit Schrecken!« (Μῖξον τῷ φόβῳ τὴν ἐπιείκειαν), und 18,27,1017B: τὸ ἐπιεικές (als Merkmal des älteren Gregor).
31, 5. Z. v. o.: Zu »Kinderfreund« (φιλοτεκνότατε) vgl. die oben 15,15. Z. v. u. (Kap. 2) notierte St. or. 13,2,853C, wo *Basilius* dies schmückende Attribut erhält.
31, 6. Z. v. o.: »wie die Braut...«: erinnert an Is 49,18 und 61,10.
31, 16. ff. Z. v. o.: »geschult...«: vgl. or. 22,16,1149B; 24,15,1188B; ebd. 18,1192B. Es mag letztlich offen bleiben, ob unter στρατηγουμένων des Teufels »Scharen« zu verstehen sind oder eher neutral: seine »Angriffe, Machenschaften«, wie ich auch die vergleichbare St. or. 16,15,953C verstehen möchte (*H.*,

335,5 ff., freilich: »Verstocktheit ... kommt der bösen Natur des Widersachers zu und denen, die sich von ihm beeinflussen lassen«, ... τῶν ὑπ' ἐκείνης ἐνεργουμένων, zu welchem Verb (»wirken«) vgl. Kap. 13, oben 25, 1. Z. v. o.
31, 14. Z. v. u.: »von den Vätern«, spezifischer: »v. den *Kirchen*vätern«, wozu vgl. noch or. 11,6,840C; 25,8,1209A; 33,15,233B; 34,5,245A (a.E.); ebd. 6,245B.
31, 9. Z. ff. v. u.: Zur Erörterung über das Wesen der Dreifaltigkeit vgl. unter zahlreichen St. folgende: or. 2,38,445C; 20,6,1072B–D; 37,22,308A; 40,41,417BC (*Röhm* I, 85 f.: »noch habe ich nicht die Drei unterschieden, so werde ich auch schon wieder zu dem Einen zurückgeführt.«). Es geht um die Zusammenziehung der Drei zu Einem durch *Sabellius* und die Teilung des Einen in Drei durch *Arius,* wozu noch auf or. 34,8,249A u. 42,16,476C hingewiesen sei.
31, 5. ff. Z. v. u.: Vgl. or. 21,35,1125A–B; 29,13,92A; 42,16,476C, bes. 477A (*Röhm* I, 344 unten: »... als wäre uns die Frömmigkeit in Namen und nicht in der Sache gelegen«). – »Eins sind sie ...«, wozu vgl. or. 43,30,537B (*Röhm* I, 243 unten): »... da wir Drei den Besonderheiten nach (ἰδιότησιν), Eines aber der Gottheit nach (θεότητι) glauben u. verehren.«
32, 1. ff. Z. v. o.: Vgl. or. 23,13,1165B; 26,19,1252B (a.E.); zur Aufzählung von Charakteristika der Trinität z. B. or. 23,11,1164A. – »*eine* Ehre« (ὁμόδοξος): auch 23,7,1160A. – »über der Welt u. der Zeit erhaben ...«, wozu vgl. or. 43,30,537B; ebd.. 45,556B.
32, 13. f. Z. v. o.: »welche ... die Wahrheit nicht kennen« gibt ὡς λύμην τῆς ἀληθείας (etwa: »Schande für die Wahrheit.«, »Schädlinge der Wahrheit«) des Originals inadäquat wieder: s. in gleichem Zusammenhang or. 36,10,277B.
32, 15. Z. v. o.: »die Unheilbaren«, wozu vgl. or. 26,3,1232C (*Röhm II,* 204): »sie mögen ... der Herde sich anschließen, wenn sie nicht ganz unheilbar (ἀνίατοι) sind.«

XIV. Rede

33, 1. Z. v. o.: »Rede über die Liebe zu den Armen«: so lautet wohl der genuine Titel dieser Rede: τὸν περὶ φιλοπτωχίας λόγον, wozu s. *Sinko,* De traditione ..., 122.
33, 4. Z. v. o.: »meine Genossen in der Armut«: Umschreibung für den singulären Ausdruck συμπένητες, wohl »Hapax legome-

non« Gregors; ebenso singulär das entsprechende Verb συμπένομαι bei *Platon,* Menon 71b.
33, 6. f. Z. v. o.: »wenn man ...«: die Phrase auch or. 28,12,40D und sonst: s. *Kertsch,* Bildersprache, 295 (Erg. zu 144).
33, 9. ff. Z. v. o.: »Schätze des Reichtums«, womit *H.* die Formel βασιλείαν πλουτεῖν wiedergibt; vgl. or. 6,2 (oben 15, 17. und 10. f. Z. v. u.). – »damit wir euch reichlich spenden ...«; Die richtige Übersetzung: »damit wir euch d. *Wort* reichlich spenden u. eure Seele damit nähren ...«: s. *Trisoglio,* 135f., u. *Hamman,* Arm u. Reich ..., 107.
34, 9. Z. v. o.: »Bruderliebe«, ein Vorzug, durch den sich namentlich Gregors Bruder *Caesarius* auszeichnete: s. or. 7,9,765A (*H.,* 216 unten). – Bei *H.* fehlen hier (technischer Fehler?) folgende aus *Hamman,* Arm u. Reich ..., 108, nachzutragende Worte: »... wie Jesus selbst bezeugt, der nicht nur unser Bruder sein wollte, sondern zu unserer Rettung sein Leben für uns dahingab«! – Als nächste Tugend wird im Original die »Liebe zu den Menschen« (φιλανθρωπία) aufs Tapet gebracht, wo die bei *H.* (Z. 9ff.) auf »Bruderliebe« folgenden Worte anzuschließen sind. Die »Philanthropie« ist für Gregor ähnlich wie bereits für *Philon v. Alexandrien* (s. *M. Pohlenz,* Kleine Schriften, Hildesheim 1965, 1. Bd., 365) ein Begriff von zentraler Bedeutung: vgl. or. 30,6,109D; 33,14,232C; bes. 39,13,349A; ebd. 18,356BC (alle St. auf Christus gehend, dem wir hierin nacheifern sollen).
34, 14. Z. v. u.: »Stephanus«: vgl. or 18,24,1013B, wo dieser mit Gregors Vater zusammengestellt wird. In or. 43,76,597C wird *Basilius* als »verhinderter Stephanus« dargestellt, insofern er »durch sein ehrfurchtgebietendes Wesen« (*Röhm* I, 285) seine Feinde davor abschreckte, ihn zum Märtyrer zu machen.
34, 12. ff. Z. v. u.: »Sanftmut« (πραότης), wofür nicht zuletzt der Herr selbst ein Vorbild abgibt: or. 4,78,604B; sonst von *Athanasius:* or. 21,30,1117C (ähnlich wie or. 6,21, oben 208,6f. von *Gregor dem Ä.*) und von *Basilius:* or. 43,73,596B.
35, 1. Z. v. o.: »handelten sie«: im Original steht aber πάσχοντες(etwa: »empfanden sie«)! Besser die lat. Übersetzung bei *Migne:* »sentiebant«.
35, 7. f. Z. v. o.: »Beten und Wachen« (προσευχὴ καὶ ἀγρυπνία): vgl. die Begriffe in der Aufzählung von or. 6,2 (oben 14, 14. ff. Z. v. u.).
35, 9. f. Z. v. o.: »Keuschheit u. Jungfräulichkeit« (ἁγνεία κ. παρθενία), wozu vgl. or. 43,62,576C (*Röhm* I, 270): »Etwas

Großes ist Jungfräulichkeit und eheloses Leben und zu sein wie die Engel...«.

35, 14. ff. Z. v. u.: »Abgeschiedenheit u. Ruhe« (ἐρημία καὶ ἡσυχία), wofür Gregor selbst eine besondere Vorliebe zeigte; vgl. bloß or. 18,37,1036A (*H.*, 385): »[der ich] mich ... wie wohl kein anderer der Altersgenossen nach der Einsamkeit sehnte« usw. (*Kertsch* in: Byz. 44 [1974] 285ff.). Zu »Elias« vgl. PG 37,718, v. 523ff., wo er als Vorbild für Enthaltsamkeit bzw. Genügsamkeit (s. unten) aufscheint.

35, 10. ff. Z. v. u.: »Armut« oder besser: »Genügsamkeit«, wie εὐτέλεια bei *Hamman*, Arm und Reich, 109, wiedergegeben ist. Zu den Beispielen des Johannes u. Petrus vgl. PG 37,719, v.546ff. und 720, v.550f. Auch *Basilius* zeichnete diese Tugend aus: or. 43,76,597C.

35, 6. Z. v. u.: »Demut« (ταπεινοφροσύνη), wozu vgl. Kap. 18 (unten 47, 17. ff. Z. v. o.): »durch Demut erhöht und durch Armut bereichert«.

36, 7. f. Z. v. o.: »Betrachtung« – »Betätigung« (θεωρία – πρᾶξις), eine alte, profanphilosophisch untermauerte Antithese, aus der der Christ eine »Synthese« zu machen bemüht war; dazu *T. Špidlík*, La *theoria* et la *praxis* chez Gregoire de Nazianze, TU 117 (1976) 358–364. Zu den von *Trisoglio*, 139, namhaft gemachten Belegen ergänze etwa *Maximos v. Tyros*, Dissert. XVI 5cd (p. 204 *Hobein*), wo es ganz im Sinne Gregors heißt, daß sowohl die eine wie die andere Lebensform ein »schönes Ziel« verfolgt: die »Theorie« in bezug auf die Erkenntnis, die »Praxis« in bezug auf die Tugend.

36, 9. ff. Z. v. o.: »zum Allerheiligsten«: vgl. or. 6,22 (oben 32, 6. Z. v. o.); zum folgenden vgl. or. 26,7, 1237A (*Röhm* II, 209): »... daß auch wir etwas ruhen sollten, um ... den Geist ein wenig von den unsteten und wandelbaren Dingen abzuziehen.«

36, 12. Z. v. o.: »in Werken«: vgl. Kap. 6 (unten S. 37 a.E.): »durch irdische Betätigung« (*Hamman*, 110: »durch *gute* Werke«, was zwar nicht dasteht, aber vielleicht hinzuzudenken ist: s. die Glossen bei *Migne* zu den St., n. 40 und 53, dazu or. 19,17,1064B und 39,7,341C).

36, 13. ff. Z. v. o.: Es ist zunächst or. 27,8,21A–C zu vergleichen, wo der Theologe gleichfalls im Anschluß an Joh 14,2 sich in eine Dialektik platonischer Art (ähnlich etwa or. 2,50,460A) mit einem fiktiven Dialogpartner über die verschiedenen »Wohnungen bei Gott« einläßt und ausführt, daß jede von ihnen »nach

Maßgabe des Glaubens« (κατὰ τὴν ἀναλογίαν τῆς πίστεως) zugewiesen wird. Für den Begriff »Tugend« an unserer St. gebraucht er dort die synonyme Bezeichnung »Weg«; im übrigen erörtert er die Sache ganz ähnlich wie hier.

36, 12. ff. Z. v. u.: Vgl. or. 7,23,785B (Mt 7,13f.), ein Motiv hinter dem bekanntlich eine uralte Typologie steht, die zum ersten Mal bei *Hesiod,* Erga 287ff., sichtbar wird. (S. bloß *R. Merkelbach,* Der griech. Wortschatz und die Christen, ZPE 18 [1975] 137).

36, 2. f. Z. v. u.: H. verweist hierzu auf Joh 8,1ff. (Geschichte von der Ehebrecherin), wo sich kaum ein Anklang an unsere St. beobachten läßt; vielleicht ist mit *Hamman* eher bei Osee 6,6 bzw. ebd. 12,7 (statt 12,6, was bei *Migne* zur St. notiert wird) anzuknüpfen.

37, 1. f. Z. v. o.: Vgl. or. 16,19,961B; 43,36,545A (a.E.; *Röhm* I, 248 unten): »durch Barmherzigkeit sich Barmherzigkeit verschaffen«; 44,7,616A (*Röhm* I, 128): »sei barmherzig, da du Erbarmung erlangt; durch Barmherzigkeit erwirb dir Barmherzigkeit, solange es Zeit ist;« PG 37,783, v. 29.

37, 11. f. Z. v. o.: »Unbarmherzigkeit...«: sie veranlaßte Gregor, eine ganze Rede über dieses Thema zu halten, or. 19,1044–1064 (*H.,* 391–404).

37, 19. ff. Z. v. o.: Zur »heiligen Krankheit« s. Gregors eindrucksvolle Schilderung Kap. 10ff. (unten S. 40ff.), dazu die Dublette in or. 43,63 u. 64,580A–D, wo des Basilius menschliche Größe im Umgang mit den Leprakranken herausgestrichen wird. – »an Fleisch, Knochen u. Mark...«, wozu vgl. or. 16,7,944B (*H.,* 327): »...Fleisch, Mark und Knochen nicht zu schonen« (nach Ezech 21,9).

37, 14. Z. v. u.: »treulosen Körper«: vgl. PG 37,1362, v. 123ff., wo Gregor den Kampf mit seinem Körper beschreibt: »...seine [des *Fleisches*] Kraft bändige ich wie die eines *treulosen* Tieres mit starken Fängen...«.

37, 3. Z. v. u.: »wozu ich erschaffen bin«; vgl. or. 17,9,976C (*H.,* 349): »O Mann Gottes, denke daran..., wozu du berufen wurdest«, usf.

38, 7. Z. v. o.: »Man fühlt sich...«; vgl. dazu und zum Kontext überhaupt *Völker,* Gregor v. Nyssa, 130: »Gewiß muß der Leib überwunden werden, aber er ist doch zugleich geadelt als Träger des göttlichen Ebenbildes, dessen künftige Vergottung durch Inkarnation und Auferstehung Christi gewährleistet ist.« (Der Leib als »Miterbe«: Kap. 6, oben 37, 6. Z. v. u.).

38, 16. ff. Z. v. o.: Zur menschlichen »Schwachheit« (im Gegensatz zur göttlichen Größe) s. die bei *Kertsch,* Bildersprache, 130f., angeführten Parallelen. – »Idealismus« für παιδαγωγίαν τοῦ ἀξιώματος? Gregor hebt auf die menschliche Schwäche als Erziehungsmittel ab (vgl. zu παιδ. or. 43,80,604A; ebd. 82,604D); sie ist dazu bestimmt, den Menschen im Bewußtsein seiner »Würde« (in seiner Selbsteinschätzung) zu mäßigen.
38, 14. Z. v. u.: »sehr hoch und sehr tief«: vgl. dazu: *Kertsch,* Bildersprache, 60 mit Fn. 3. – »Erben des Lichtes...«: vgl. or. 9,2,821A und *Kertsch,* 205f., Fn. 5 (+Erg., 308f.).
38, 7. ff. Z. v. u.: »Darüber mag jeder denken, wie er will«, wofür besser *Hamman-Richter,* 111: »Denkt darüber nach, wenn euer Herz es mag.« (Zur Zusammenstellung von φιλοσοφεῖν u. συμφιλοσοφεῖν vgl. auch or. 43,39,548C).
38, 3. f. Z. v. u.: »aus Mitleid mit fremden Schmerzen...« scheint mir dem Original nicht ganz gerecht zu werden; eher *Hamman-Richter* (ebd.): »da meine fleischliche Natur ein solcher Gegenstand des Mitleids ist, wie es auch meine Schwachheit ist, die sich in den *Leiden eines andern offenbart.*« Vielleicht wird Gregors Gedankengang durch or. 16,19,961B (*H.,* 341) illustriert: »Das Unglück des Nächsten hätte ihnen eine Warnung sein und das Leid Fremder sie zur Sorge für sich selbst veranlassen sollen«.
39, 4. ff. Z. v. o.: Vgl. Aufforderungen zum Altruismus wie or. 12,4,848B (*H.,* 267 unten): »Nicht nur für sich allein soll man sorgen, sondern auch für die ganze Welt«; 25,4,1204B; *Seneca,* ep. 48,2; u. a.
39, 7. f. Z. v. o.: Vgl. or. 6,4 (oben 17, 7. ff. Z. v. o.).
39, 12. f. Z. v. o.: »das allgemeine Schicksal, krank zu werden«, wozu vgl. or. 6,10 (oben 22, 16.ff. Z. v. o.).
39, 16. f. Z. v. o.: »Bruderliebe«; eigentlich: »Liebe zu den Menschen« (φιλανθρωπίαν), wozu vgl. die Differenzierung der beiden Begriffe in Kap. 2 (oben 34, 9. Z. v. o.).
39, 17. ff. Z. v. u.: *Hamman-Richter* übersetzen (112): »Aber bei Aussätzigen wird das Unglück verhängnisvoll, denn ihre Verstümmelungen versagen ihnen jede Arbeit und hindern sie, sich selbst zu helfen. Daher ist bei ihnen die Furcht vor der Krankheit noch stärker als die Hoffnung auf Heilung...« – Zu »Hoffnung, das einzige Heilmittel« (Z. 8f.) vgl. die Parallelen aus der profanen Gräzität bei *Trisoglio,* 143 (*Aischyl.,* Choeph. 699; u. a.).

39, 4. Z. v. u.: Vgl. or. 43,63,580B (*Röhm* I, 271 unten): »durch ihre Krankheit weniger Mitleid als *Haß* (wie es statt »Abscheu« heißen muß) erregend.«
39, 1. Z. v. u.: Das heißt: »damit eure heutigen Tränen euch spätere Tränen ersparen« (*Hamman,* 112).
40, 3. f. Z. v. o.: »welchen Gott ein Herz geschenkt hat«; *Hamman-Richter* (ebd.): »weil Gott euch Barmherzigkeit geschenkt hat« (καὶ θεοῦ καὶ παρὰ θεοῦ τὸ ἐλεεῖν ἔχοντες), wofür die oben zu 37, 1. f. Z. v. o. (Kap. 5) zitierten St. aufschlußreich sind; ferner or. 43,63,580B (*Röhm* I, 272): (*Basilius* hat uns gesagt, daß wir) »Gott Barmherzigkeit auf Zinsen leihen müssen, da wir selbst der Barmherzigkeit bedürftig sind.«
40, 6. ff. Z. v. o.: Wie schon oben 37, 17. ff. Z. v. u. zu Kap. 6 festgestellt, sind die folgenden Worte nahezu identisch mit or. 43,63,580Af., und decken sich, was noch interessanter ist, zusätzlich mit einem Abschnitt aus einer Schrift *Gregors von Nyssa* zum gleichen Thema mit dem Titel De pauperibus amandis II bzw. In illud ›Quatenus uni ex his fecistis mihi fecistis‹; hrsg. von *A. van Heck* in: Gregorii Nyss. op. vol. IX (ed. *Jaeger-Langerbeck*), 117,25ff., wozu s. des Herausgebers Sonderausgabe, Leiden 1964, 120ff., wo er noch weitere Parallelen eruiert, die von einem nicht erhaltenen Brief des Basilius als gemeinsamer Quelle hervorgegangen sein sollen, in dem dieser über das Elend der Aussätzigen berichtet und gleichzeitig um Unterstützung bei der Mobilisierung des Mitgefühls und der aktiven Hilfeleistung unter den Gläubigen ersucht habe.
40, 8. Z. v. o.: »Tote und Lebende«; besser: »tot und doch noch am Leben« (*Hamman,* 112): zu diesem gängigen Oxymoron vgl. außer *Trisoglio,* 143f., PG 37,985, v. 203; sonst auch 1480, v. 30, aus einem Gedicht, das wie or. 19 an den Steuereinheber *Julian* gerichtet ist mit der Bitte, die »Armen«, d.h. hier: die »Aussätzigen«, zu schonen und diesen »*unbestatteten* (weil doch noch lebenden!) *Toten* Gottes Hand zu reichen.«
40, 16. Z. v. o.: »Verwandter«; soll heißen »Bekannter« (γνώριμος).«
40, 15. ff.. Z. v. u.: *Hamman-Richter* paraphrasieren hier (113): »Weniger schmerzlich wäre es für sie gewesen, alle Glieder auf einmal zu verlieren, als nur die Stümpfe davon zu bewahren. Ein Teil ihres Körpers ist schon vorzeitig tot, und den andern wird niemand bestatten wollen.«
41, 7. Z. v. o.: »Augapfel«, eigentl.: »Auge seines Lebens«

(ὀφθαλμὸν βίου), wozu vgl. PG 37,990,v. 274; 1543,v. 13(vom Ehegatten).

41, 12. f. Z. v. o.: »ihr Herz zerreißt« (τὰ σπλάγχνα σπαράσσεται), wie or. 15,4,916B. Die Metapher rührt wohl von der altgriechischen Sitte her, sich als Frau zum Zeichen großer Trauer das Kleid vor der Brust zu zerreißen, die Haare zu zerraufen u. dgl.: ebd. 9,928A.

42, 5. ff. Z. v. o.: Oder mit *Hamman* (114) freier: »Denn man rühmt sich seiner Härte und flieht vor dem Mitleid wie vor einem Laster.«

42, 17. ff. Z. v. o.: »an uns locken«; besser *Hamman* (ebd.): »zwingen sie, ... wieder zurückzukommen.« – Zum folgenden vgl. Kap. 18 (unten 47, 5. ff. Z. v. o.) und or. 44,7, 616A.

42, 5. f. Z. v. u.: »Märtyrer«; eigentl. »Zeugen der Wahrheit«, wie or. 25,2,1200A. »Tugenden«; wörtl.: »Frömmigkeit.«

43, 16. Z. v. u.: »Ekel«: anders *Basilius,* der es nicht verschmähte, »selbst mit den Lippen die Kranken zu ehren«, or. 43,63,580B (*Röhm* I, 272).

44, 7. f. Z. v. o.: »in seinen Betrachtungen ...«, ἐμφιλοσοφῶν: vgl. or. 28,25,60D; *Basilius,* ep. 210,1 (t.II, p. 190 *Courtonne);* ἐμφιλοσόφημα (»Bemühung, Anliegen«): 43,61,576C (*Malingrey,* Philosophia ..., 248ff.).

44, 12. f. Z. v. o.: Vgl. or. 4,114,652C (*H.*, 149): »Uns handelt es sich mehr um den inneren Menschen; wir wollen lieber die Augen auf die Seele lenken ...« – »Unterpfand des G.«: = 2 Kor 1,22.

45, 13. ff. Z. v. o.: Das sind Worte, mit denen auch anderswo Kritik am Überfluß der Reichen geübt wird; sie zu formulieren lernte man in der Rhetorikschule: s. *Dziech,* De Gregorio Nazianzeno ..., 126; vgl. *Seneca,* ep. 89, 20ff. (Übers. v. *E. Glaser-Gerhard* bei Rowohlt [1965], 2. Bd., 60f.: »Wie weit gedenkt ihr die Grenzen eurer Besitzungen noch vorzuschieben? [...] Wie weit wollt ihr das von euch gepflügte Land noch ausdehnen, die ihr nicht zufrieden seid mit dem Umfang ganzer Provinzen [...]? [...] Mögt ihr allenthalben eure Paläste erstrahlen lassen, errichtet auf Bergen [...] oder aus der Ebene aufsteigend zu Bergeshöhen [...]!«) mit Gregor, or. 16,19,960CD/961A (*H.*, 340: »... unsere Habsucht kennt keine Grenze [...] Auf Ebenen und Bergen machen wir uns breit, da wir [...] unseren Besitz erweitern und immer noch mehr vergrößern ...«); im übrigen *Trisoglio,* 151f.

45, 18. ff. Z. v. o.: Vgl. neben or. 16,19,961A bes. 36,12,280A (*Röhm* II, 264): »Entlaste ein wenig dein Schiff, damit du dir das Fahren erleichterst. Vielleicht entreißest du etwas dem Feind, welchem das Deinige zufallen wird.«
45, 11. f. Z. v. u.: »der alles tilgenden Zeit«, wozu s. *Dziech,* 125f., n. 242. – »notwendige Nahrung«: vgl. Kap. 12 (oben 42, 18. Z. v. o.).
45, 8. f. Z. v. u.: Vgl. wegen »Kraft« (ἀφορμὰς) Kap. 25 (unten 53, 5. f. Z. v. u.) nebst *Trisoglio,* 153 u. 174 zu den St.; *Kertsch,* Bildersprache, 148+Erg. (296).
46, 2. ff. Z. v. o.: S. die Parallelen bei *Dziech,* De Gregorio Naz., 119f., n. 228; 126, n. 245, u. a., sowie *Trisoglio,* 154ff.
46, 11. Z. v. o.: »Simpelfransen«, d. h.: »in die Stirn gekämmtes Haar«, von *Hamman* (117) ausgelassen; vgl. *Hieronymus,* ep. 117,7: capilli vel in frontem vel in aures defluunt.
46, 20. Z. v. u.: »undankbaren Magen«: vgl. or. 40,38,413C (*Röhm* I, 83), wo vom »undankbaren Gaumen« die Rede ist, »der das Dargebotene durchläßt und nicht behält«; analog verhält es sich mit dem Magen.
46, 12. ff. Z. v. u.: Es ist auf *Philon's* Schrift über die Trunkenheit (De ebrietate) hinzuweisen, u. zw. auf § 218 (II, 212 Wendland), wo zu unserem Thema folgendes gesagt wird (in der Übers. von *M. Adler,* Bd. V, Berlin [2]1962, 74): »Was mit der Prüfung des Weines zusammenhängt, wie er sich schneller im Körper verteile und kein Kopfweh verursache und im Gegenteil mit *Blüten* (*Wendland* konjizierte ἀνθίμου, nämlich οἴνου; eine andere Vermutung, die in ἀνθοσμίαν an unserer St. eine Stütze fände, ist ἀνθοσμίου; die Handschriften bieten sinnloses ἀναίμου!) und wohlriechenden Gewürzen zu versetzen sei, ob er die Mischung mit viel oder wenig Wasser vertrage, ob er zu einem starken und kräftigen oder zu einem milden und leichten Getränk geeignet sei, und alles derartige gehört zu den Obliegenheiten der Obermundschenken, die hierin die denkbar äußerste Vollkommenheit in ihrer Kunst erreicht haben.«
46, 7. Z. v. u.: »und schämen uns fast ...«; formal und inhaltlich ähnlich or. 23,3,1153C: »als hätten sie Angst nicht vor einer ungläubigen Handlungsweise, sondern davor, daß sie hierin zu maßvoll und schonender als andere vorgingen«. – »Sklaven der Bäuche und anderer Organe«; von *Hamman* (118) verdeutlicht: »unseres Bauches und unserer Lüste«, wozu vgl. or. 27,3,16A; *Basilius,* In verba ›Faciamus hominem‹ II, 15(SC 160, p. 268); *Philon,* De somn. II, 147 (III, 282 *Wendland*): »die Wollust des

Unterleibs«; *Hieronymus*, ep. 84,5 (a.E.): ... quae in ventre sunt et sub ventre.
47, 5. Z. v. o.: »solange wir noch Zeit haben« (καιρὸν ἔχοντες): erklärt sich aus der Möglichkeit, daß wir jederzeit abberufen werden können; daher: »Benütze die Gelegenheit...«, or. 40,26,396A (*Röhm* I, 70).
47, 5. ff. Z. v. o.: Vgl. Kap. 10 (oben 40, 8. f. Z. v. u.) und 12 (42, 19. f. Z. v. o.) sowie or. 16,3,937B: τοῦ τῆς ταπεινώσεως σώματος (*H.*, 323: »d. armselige Leib«: nach Phil 3,21) und ebd. 20,961C (*H.*, 341): »Lehre das Brot den Hungernden brechen, die Obdachlosen beherbergen, die Nackten bekleiden, die Mitbürger achten!« – »Warum schwelgen wir...?«: vgl. or. 38,5,316C (*Röhm* I, 16): »Unmäßigkeit aber ist..., was zu viel ist und über das Bedürfnis: und das, während andere hungern und darben...« – »Wunden« (τραύμασι): sie sollen einem die eigene Gesundheit ins Bewußtsein rücken und Ehrfurcht vor der Krankheit wecken (or. 40,31,404B).
47, 14. ff. Z. v. o.: Vgl. z.B. or. 43,60,573C (*Röhm* I, 268): »Reichtum war ihm (=*Basilius*), nichts zu besitzen und das Kreuz, in dem allein sich sein Leben bewegte, welches er für wertvoller hielt als große Haufen Geldes«; zu »durch Armut bereichert«: vgl. or. 6,2, oben 15, 19. Z. v. o.; »von nichts niedergedrückt«: frei von der Last des Körpers und den durch ihn hervorgerufenen Begierden. – »in den Himmel zu folgen«, eigentl. »zu fliegen« (ἀναπτῶμεν): vgl. *Platon*, Gesetze 905a (Übers. bei Rowohlt, 6. Bd., 267): »Denn niemals wirst du von demselben [vom Gericht der Götter] übersehen werden, ob du, ein Winziger, zu der Erde Tiefen hinabsteigst oder, ein Hoher, zu dem Himmel dich aufschwingst (ἀναπτήσῃ)...«
47, 20. ff. Z. v. o.: »durch Anteilnahme der Armen« (διὰ τοῦ κοινωνεῖν τοῖς μὴ ἔχουσιν); *Hamman* (118) freier: »durch Freigebigkeit an die Armen« – »zu einem guten Besitz zu machen...«, wovon nur dann die Rede sein kann, »wenn wir aufhören reich zu sein und statt dessen von unserem Besitz den Dürftigen mitteilen, nicht anders, als ob wir über fremdes Gut verfügten (vgl. or. 18,20,1008C), damit dem Armen geholfen wird...« (nach *Röhm's* Übers. [2. Bd., 215f.] von or. 26,11,1244A); vgl. 44,7,616A (*Röhm* I, 128): »Liebe nicht den Reichtum, wofern er nicht den Armen Hilfe gewährt.«
47, 10. f. Z. v. u.: Eigentlich: »wenn ich Scheunen baue aus dem Mammon und Schätze sammle für den Mammon«, oder: »wenn ich Scheunen baue u. Schätze sammle aus dem Mammon und für

den Mammon« (nach der lat. Übersetzung von ἐκ τῶν μαμωνᾶ θησαυρίζων καὶ μαμωνᾷ).
47, 7. f. Z. v. u.: »Gefühllosigkeit ... Herzlosigkeit« (ἀναλγησίαν ... μικρολογίαν): vgl. Kap. 10 (oben 40, 14. Z. v. u.); betreffs des zweiten Begriffs: Kap. 38 (unten 66, 9. Z. v. u.), wonach auch hier eher »kleinliche (knausrige) Gesinnung« zu verstehen ist (?); dazu or. 40,34,408B (*Röhm* I, 79): »Noch vor kurzem verdorrte Kargheit und Knauserei (μικρολογία κ. φειδωλία) deine Hand; heute strecke Wohltun und Liebe (μετάδοσις κ. φιλανθρωπία) sie aus.«
48,4. ff. Z. v. o.: s. Kertsch, Bildersprache, 35 ff. + Erg. (273).
48, 9. Z. v. o.: »in der Zukunft Schätze suchen ...«: vgl. or. 41,1,429B (*Röhm* I, 134): »für die Seele etwas zu sammeln (ähnlich *Themistios,* or. 15,192c [a.E.], vol. I, p. 278 *Downey*), was Bestand und Halt hat ...«
48, 14. f. Z. v. o.: »mit irdischen Gütern«; umgekehrt können wir durch unsere Barmherzigkeit Gottes Freigebigkeit auf den Plan rufen: or. 17,10,977A.
48, 9. ff. Z. v. u.: »nicht ... rühme sich ...«; vgl. z. B. *Marc Aurel,* Wege zu sich selbst V 23,3 (Übers. v. *W. Theiler* bei Rowohlt [1965], 37): »Wie ist also nicht ein Tor, wer unter solchen Umständen (d. h.: den Wechselfällen des Lebens) sich aufbläht (φυσώμενος) ...«
48, 3. ff. Z. v. u.: »Würfelspiel«: zu Bildern dieser Art und zum ganzen Kontext s. das von *Dziech,* 93 ff., Gesammelte.
49, 14. ff. Z. v. o.: Hamman-Richter übersetzen (120): »... wohin wären wir dann gekommen, da wir trotz seines Schwankens schon so sehr an ihm hängen und uns von den Freuden [...] so *blenden* lassen ...« Besser, weil dem Original entsprechender, *H.:* »knechten lassen« (ἡδονὴ ... ἔχει δουλώσασα).
49, 11. ff. Z. v. u.: »irdische Wohnung ...« (τὴν κάτω σκηνήν), was *Hamman* (120) wörtlicher durch »das irdische Zelt« wiedergibt; vgl. (als Gegensatz) »ewige Zelte«: Kap. 40 (unten 68, 8. Z. v. o.).
»Fremde u. Heimat«: vgl. zu or. 6,2 (oben 15, 20. Z. v. o.). – »Finsternis u. Licht«: vgl. Kap. 7 (oben 38, 20. ff. Z. v. o.).
50, 6. ff. Z. v. o.: »die der Ferse nachstellt und deren Haupt zertreten wird« gibt τηρῶν ... τηρούμενος nicht adäquat wieder. *H.* übersetzt, als würde im 2. Glied πατούμενος stehen, welches Verb wir tatsächlich or. 45,19,649B in vergleichbarem Zusammenhang vorfinden (nach Lk 10,19).
50, 14. ff. Z. v. u.: »zieht«: vgl. »hinaufzieht«, Kap. 20 (oben 49,

21, Z. v. o.); u. ö. – »von der Erde und den *irdischen Dingen*« (so besser bei *Hamman*, 121).
50, 4. ff. Z. v. u.: Vgl. or. 40,19,384B (*Röhm* I, 63): »Mache deine Seele los von der Welt . . .!« ("Αρπασον: wie hier).
51, 4. ff. Z. v. o.: Auch Kaiser *Julian* ist der Überzeugung, daß wir jede Wohltat Gott verdanken (or. 4,153D, vol. I, p. 420 *Wright*).
51, 11. ff. Z. v. o.: Dieser Vergleich wird auch or. 28,12,41B gebraucht, u. zw., um die Unmöglichkeit zu veranschaulichen, Geistwesen gedanklich je einzuholen bzw. zu erfassen. Sonst vgl. etwa *Ael. Aristides*, or. 38,23 (a.E., vol. II, p. 319 *Keil*)
51, 10. ff. Z. v. u.: »wer hat . . .«; vgl. dazu die Feststellung *Festugière's* in Corp. Herm. t. I, p. 65f. n. 13 (zu Traktat 5,3–6), daß dieser Typ der Frage sowohl der jüdischen Literatur geläufig sei (z. B. bei Job 38–39) als auch bei *Epiktet* IV 1,102; *Ps.-Aristoteles*, De mundo 5,397a, und anderswo vorkomme.
51, 6. Z. v. u.: Zu »Leier«: *Philon*, De poster. Caini 24 (II, 61 *Wendland*); *ders.* De plantat. 167 (ebd. 167); *Dion Chrysost.*, or. 3,76 (I,46 *v. Arnim*). Es ist ein ursprünglich stoischer Vergleich: *Gronau*, Poseidonios . . ., 159 Fn. 1.
52, 10. ff. Z. v. o.: ». . . mit Vernunft ausgezeichnet« (λόγῳ . . . ἐτίμησεν): so auch *Basilius*, In martyrem Julittam 6, PG 31,253B; vgl. *Gronau*, 149ff., 156; *Trisoglio*, 171.
52, 15. ff. Z. v. u.: »Riesen . . .« vgl. die Bezugnahme auf den Mythos or. 26,10,1240C, u. a.; in Verbindung mit den »Giganten« auch 27,9,24A. – »vernichtet hatte«; besser, weil wörtlicher, *Hamman* (123): »reinwusch« (ἐκάθηρεν).
53, 11. ff. Z. v. o.: »Überfluß . . .«: s. zu diesem uralten Sprichwort neben *Trisoglio*, 172, *Kertsch*, Bildersprache, 20 Fn. 2 (von 19). Das folgende ist in etwa eine Wiederaufnahme der Thematik von Kap. 17 (oben 46, 7. ff. Z. v. o.).
53, 15. ff. Z. v. u.: Von der Güte und dem Zorn Gottes ist viel in or. 16 die Rede, bes. 4,940A; 6,941CD/944A; 18,960B; ebd. 14,953A (*H.*, 334) beteuert der Redner: ». . . ich stehe ein für Gottes Erbarmung. Er läßt ab von seinem Zorne, der seiner Natur widerspricht, und wendet sich zur Güte, die seinem Wesen entspricht . . .«
53. 11. ff. Z. v. u.: »folgen« bzw. »nachahmen«: vgl. Kap. 26 a.E. (S. 55); or. 6,14 (oben 25, 10. ff. Z. v. o.); dazu: *Kertsch*, Bildersprache, 22. Es handelt sich hier um einen alten, viel benutzten Topos, der z. B. bei *Philostrat*, epist. 19 (II, p. 235 *Kayser*) in der Form auftritt: ». . . Wasser ist für alle da und Feuer

gehört nicht einem allein, und die Sonne ist ein öffentlicher Gott« (vgl. noch *Gregor v. Nyssa,* In eccles. or. 6, vol. V, p. 386, 10ff. *Jaeger–Alexander*). Daneben scheint die nicht minder gängige Lehre von der jedem Lebewesen vom Schöpfer zugeteilten Daseinssphäre durch, wozu s. *Kertsch* in: VigChr 34 (1980) 152f.
53, 5. ff. Z. v. u.: »den ersten Lebensunterhalt...«; ähnlich or. 28,22,56B; vgl. *Dion Chrysost.,* or. 7,125 (I, 213 *v. Arnim*); *Ael. Aristides,* or. 24,42 (II, 66 Keil). – »nicht beschlagnahmt«: οὐ δυναστείᾳ κρατουμένας (ἀφορμάς); dafür *Hamman,* 124: »Und seine Gaben fallen nicht in die Hände der Starken«. Gregor spricht in diesem Zusammenhang des öfteren von der nachträglichen »Tyrannis«, durch die die ursprüngliche Gleichheit der Menschen (vor Gott: or. 19,15,1061B; 40,8,368CD; i. übrigen vgl. Kap. 26, unten 54, 7. Z. v. u.) beseitigt wurde: or. 33,12,229A (a.E.); 34,8,248D; PG 37,853, v. 27ff.; 937/938, v. 133f.; 976, v. 79ff. In diesem Sinne ist wohl auch die unten folgende Wendung »Kennzeichen der ersten Gewaltherrschaft« zu verstehen, nämlich von der *erstmalig* aufgetretenen »Tyrannei«, herbeigeführt durch den »Tyrannen«, d. h. den Teufel (Kap. 22, oben 50, 1. Z. v. u.), als Folge der »ersten Geschmacksverirrung« (τῆς πρώτης γεύσεως: or. 24,3,1173A; vgl. auch 19,14,1060C [*H.,* 401]: »... d. Sünde, ihre *erste* Grundlage...«), wodurch die krassen sozialen Unterschiede hervorgerufen worden sind, nicht mit *H.* *(54, 5. f. Z. v. o.) als »schlimmste* Tyrannei«!
54, 6. f. Z. v. o.: »veranlaßt werden«, im Orig.: ἐστί γνωρίσματα (etwa: »... Charakteristika sind«); – »künden«, d. h.: »kündigen ... auf« (ἀποκλείουσιν).
54, 10. f. Z. v. u.: »Habsucht« usf.: s. *Trisoglio,* 177, der auf *Platon,* Protag. 337cd, und Republik 338c–339a verweist. Wie aus *Ast's* Lexicon Platonicum, vol. III (^{2}1908), 114f., ersichtlich ist, spielt der Begriff bei Platon eine bedeutende Rolle.
54, 8. Z. v. u.: »Einheit« (ἰσονομίαν), wozu als Var. ἰσοτιμίαν notiert wird. Sie erklärt sich leicht aus einer St. wie or. 40,18,381C: Δέξαι ... ὁ ἐν δουλείᾳ τὴν ἰσοτιμίαν (*Röhm* I, 63: »d. gleiche Ehrenstufe«); vgl. Kap. 23 (oben 51,17. Z. v. u.). Gleichwohl paßt ἰσονομίαν (auch bei *Platon* vorkommend) hier recht gut; vgl. *Philon,* Leg. ad Gaium 13 (VI, p. 158 *Cohn;* Übers. von *W. Kohnke,* Bd. 7,178): »Damals [=zu Anfang von Caligula's Regentschaft] gab es keinen Vorrang des Reichen vor dem Armen..., die Herren waren nicht besser dran als ihre Sklaven. Denn die Gegenwart verlieh politische Gleichberechtigung (ἰσονομίαν)...«

54, 6. ff. Z. v. u.: Vgl. Kap. 18 (oben 47, 4. f. Z. v. o.); weiters or. 17,9,976C (*H.*, 349): »Ehre diejenigen, welche die gleiche Natur haben wie du! Achte das Urbild (ἀρχέτυπον: wie 37,22,308A)!«
54, 3. ff. Z. v. u.: Formal sind St. wie or. 19,9,1053AB; 21,10,1093AB; 40,18,381C; 43,81,604BC (u. a.) zu vergleichen, die durch eine Apostrophe an die Zuhörerschaft eingeleitet zu werden pflegen nach folgender Art: »Kommt her, Männer und Frauen, preist und ahmt nach, der eine dies, der andere jenes . . . !« Vgl. *Ruether*, Gregory of Nazianzus, 77 (zu or. 21,10). –
55, 8. ff. Z. v. o.: »Dein Reichtum . . .«; vgl. or. 42,8,468C (*Röhm* I, 338): ». . . verlange ich von euch die Frömmigkeit, vor mir [=für mich] der gemeinsame und gleich wertvolle Reichtum, woran vielleicht den Vornehmsten der ganz Arme übertreffen wird, wenn er eine große Seele hat.«
55, 10. Z. v. o.: »Gold . . . Tugend«; vgl. *Platons* nachhaltigen Spruch (Gesetze 728a), daß »alles Gold auf Erden und unter der Erde gegen die Tugend nicht aufzuwiegen sei« (auch bei *Cicero,* Paradoxa Stoic. 6,48; *Themistios,* or. 21,267c, vol. II, p. 45 *Downey; Julian,* or. 2,81A, vol. I, p. 216 *Wright;* or. 3,129D, ebd. p. 344, beteuert der Kaiser, »den Reichtum niemals vor der Tugend preisen zu wollen«).
55, 13. Z. v. o.: »werde für den Notleidenden ein Gott«: ähnlich or. 36,11,277C (*Röhm* II, 263: »göttliche Wesen«? Gut die lat. Übers.: »deos vos praebete«).
55, 16. ff. Z. v. o.: Ein Gedanke, der bei Gregor öfters wiederkehrt und in Richtung Popularphilosophie weist: or. 17,9,976D; PG 37,909, v. 5; *Gregor v. Nyssa,* In inscript. psalm. I, 7 (vol. V, p. 45 *Jaeger–McDonough*); *Synes. v. Kyrene,* ep. 31,177c (*Hercher;* zit. von *Treu,* in: TU 71 [1958] 116); Liban., or. 15,34 (II, p. 133 Foerster); Themist., or. 15,192b (I, p. 277 *Downey*); *Seneca,* De benef. III 15,4: qui dat beneficia, deos imitatur . . .; usf. Dahin gehören auch Gregors folg. Worte mit der Implikation, daß es beim Wohltun letztlich nicht so sehr auf das »Was« als vielmehr auf das »Wie« und die Bereitwilligkeit ankommt; vgl. Kap. 28 (unten 57, 16. Z. v. o.); dazu: *Seneca,* De benef. I 5,2; ebd. 6,1 (. . . non, quid fiat aut quid detur, refert, sed qua mente . . .), und II 18,8.
55, 18. Z. v. u.: Zum »ungeschriebenen Gesetz«: 4,61,584B (a.E.); ebd. 93,625C (*H.*, 133: »Des Kaisers Wille ist ein ungeschriebenes Gesetz, gestützt auf seine Gewalt«); *Dziech,* 197 n. 387 (2a.); *Trisoglio,* 178 f.

55, 11. Z. v. u.: »Gaben des Heiligen Geistes«: eigentl. »Aufteilung (der Gaben: μερισμούς) des H. G.«.
55, 5. ff. Z. v. u.: »leihe das Wort aus...«; vgl. or. 26,5,1233B (*Röhm* II, 205): »Welche Betrachtung der hohen Geheimnisse habt ihr festgehalten [...], nachdem ihr sie von mir empfangen [...]? Denn ich fordere nicht bloß das Darlehen nur, sondern auch den Zins, nicht bloß das Talent, sondern auch das, was mit dem Talent erworben ward (τ. ἐργασίαν: nach Mt 25,18 ff.)...«
56, 12. Z. v. o.: »Weichlichkeit«: der Ausdruck gibt eher das als Var. verzeichnete βλακείας als das im Text stehende εὐλαβείας wieder, welch letzteres mit *Hamman* (126) als »Kleinmut« oder – genauer – als »Vorsicht« zu verstehen ist; vgl. bes. das Oxymoron in or. 40,16,377C: »unvorsichtige Vorsicht«.
56, 15. Z. v. o.: Zu »Kindern der Ärzte« (d. h. einfach: »Ärzten«) wird bei *Migne* auf die analoge biblische Ausdrucksweise von Ps 10,4 verwiesen (»Söhne der Menschen« = »Menschen«); für klass. Parallelen s. *Trisoglio*, 180.
56, 16. ff. Z. v. u.: »Fasse Mut im Glauben«: nimmt das »fasse Mut« von oben Z. 7 wieder auf. – »Ängstlichkeit«, wörtl.: »Weichheit« (ἁπαλότητα). – »fleischl. Einwände«, was auf Engherzigkeit (Egoismus) hinausläuft.
56, 8. ff. Z. v. u.: »dir als einem Gotte...«: vgl. Kap. 26 a.E. (oben S. 55). – »hochmütig«: mit diesem Ausdruck ist die seltenere negative Seite von μεγαλόψυχος bzw. μεγαλοψύχως von *H.* gut getroffen; vgl. *Demosthenes.*, or. 18,68. – »erweichen«, eigentl.: »beschämen« (δυσωπήσω).
57, 5. Z. v. o.: Vgl. zu »glücklich und reich« Kap. 18 (oben 47, 8. ff. Z. v. o.).
57, 16. ff. Z. v. u.: »geheimnisvollerer und tieferer Sinn«: mit ganz ähnlichen Worten äußert sich Gregor über den angeblich tieferen Sinn der heidnischen Mythen in or. 4,118,657A–B und kontrastiert sie zu ihrem Nachteil mit den christlichen Allegorien. Dabei ist der Ausdruck διπλόη (»Doppelsinn«) zu beachten, der auch an unserer St. begegnet, von *H.* jedoch nicht entsprechend wiedergegeben ist (»anderer, tieferer Gedanke«).
57, 6. ff. Z. v. u.: »Vernunft ... Gesetz« (ὁ λόγος καὶ ὁ νόμος): die Verbindung ist nicht von ungefähr; vgl. *Gregor von Nyssa*, De tridui ... spatio, vol. IX, 277,14 f. *(Jaeger–Gebhardt); Max. Tyr.* XXVII 6d (p. 327 *Hobein*); Gnomol. Epictet. Stobaei 63 (in *Schenkl's* Epiktet-Ausg., Stuttg. 1965, 492); in umgekehrter Reihenfolge: or. 32,9,184C. Der attische Redner *Hypereides* sagt in seinem Epitaphios § 41 (or. VI in *Kenyon's* Ausg., Oxford

1961), daß sich Trauer weder durch *Vernunft* noch durch *Gesetz* dämpfen lasse ...
57, 1. Z. ff. v. u.: ein Argument mit apologetischen Zügen, das in den Auseinandersetzungen mit den Heiden eine große Rolle spielte.
58, 2. Z. v. o.: »Kerdoos«: Epitheton Merkurs, des Gottes der Handelsleute (κερδαίνειν: »Gewinn machen«).
58, 14. Z. v. o.: »reden in die Luft«: nach 1 Kor 14,9.
58, 8. ff. Z. v. u.: Die Frage nach der Herkunft des Unglücks ergibt sich für Gregor aus anderen Voraussetzungen auch or. 16,5,940B–D/941A. Das Ganze rührt letztlich an die alte Thematik der Theodizee, insofern als man bereits in der heidnischen Antike sich mit dem Problem konfrontiert sah, wie das Übel (physisch wie ethisch) in der Welt zu erklären sei, wo doch Gott nur Gutes tue (vgl. die Fragestellung bei *Maximos v. Tyros,* Diss. XLI, p. 472ff. *Hobein*).
58, 1. ff. Z. v. u.: »wegen seiner Tugendhaftigkeit heimgesucht«: zur »Prüfung« des Gerechten vgl. auch or. 16,5,941A; 21,17,1100B.
59, 2. Z. v. o.: »gleich einer Krankheit...«: erinnert deutlich an das, was Gregor or. 5,27,697AB über *Julians* zum Ausbruch drängende Bosheit sagt.
59, 7. f. Z. v. o.: »kein Menschenkind ...«: »der Schmutz (ῥύπος) eines Menschen ist die mit der menschlichen Natur mitgeborene Sünde...« (+ Ps 50,7) sagt *Gregor v. Nyssa,* In sextum psalmum, vol. V. p. 189, 12ff. *(Jaeger–McDonough). Trisoglio* vergleicht treffend Job 14,4.
59, 10. f. Z. v. u.: »mit ungenügendem Maße« gibt τῷ ἀνεφίκτῳ, was eigentl. »unerreichbar« heißt (vgl. Kap. 32, unten 61, 13. f. Z. v. o.), ziemlich frei wieder.
60, 15. ff. Z. v. o.: »von einem Handwerker ...«: ähnliches findet sich schon in den pseudoklementinischen Rekognitionen VIII 54,6–7 (ed. *Rehm,* GCS 51 [1965] 251), die hier nach *Gronau,* Poseidonios, 206 (mit Fn. 2), stoisch beeinflußt sind.
60, 16. ff. Z. v. u.: Vgl. formal or. 26,10,1240C; 31,31,169A (*Barbel, 272–273*): »auf der Suche nach einem Bild [εἰκόνα, wie an unserer St.] für eine so bedeutungsvolle Sache [d.h. die Trinität]...«; zum Vergleich mit den »Seekranken«: *Gregor v. Nyssa,* Gegen Eunom. I, 493 (vol. I, p. 169 *Jaeger*); zum »Schwindelgefühl«: or. 22,6,1137B u. ö.
60, 8. ff. Z. v. u.: Daß sich »Mühe« bezahlt macht, betont Gregor des öfteren: *Dziech,* 41ff.; 222 (No 5.). – »die mehr ... Geist ...

besitzen« (πνευματικωτέροις), wozu vgl. or. 2,96,500A (1 Kor 2,13); bes. 37,13,297B, wo sich Gregor gegen die häretische Trichotomie der menschlichen Naturen in »Erdverhaftete«, *»Geistige«* und »Mittlere« verwahrt, und zwar im Anschluß an Mt 19,11 (»Nicht alle können dieses Wort fassen...«), was mit den an unserer St. folgenden Worten »da ja ... Erkenntnis nicht allen geschenkt ist« (vgl. 1 Kor 8,7) zu parallelisieren ist.

60, 3. ff. Z. v. u.: »Reinheit« als Voraussetzung für »Erkenntnis« auch or. 40,5,364B; PG 37,750, v. 971 ff.

61, 6. ff. Z. v. o.: Gegen das angeblich dem Zufall und der Macht der Sterne überlassene Weltgeschehen zieht Gregor bei verschiedenen Gelegenheiten zu Felde, indem er auf alte, zum Topos gewordene Argumente zurückgreift; dazu: *Gronau,* Poseidonios, 35f. Fn. 2; *M. Pohlenz,* Die Stoa ([4]1970), 306 (zu bereits von den Stoikern dagegen erhobenen Einwänden); *Trisoglio,* 189f.

61, 9. f. Z. v. o.: »Herrschaft der Gestirne« habe ich (Bildersprache, 161f. Fn. 4) nach dem Wortlaut des Originals so interpretiert, daß »die Sterne von denjenigen, die ihnen eine bes. Macht zuschreiben, gezwungen werden, die Geschicke der Welt mitzuentscheiden, u. zw. nach der Vorstellung dieser Astrologen.« Dem wurde seitens *Jungck* (in: ByZ 74 [1981] 67) mit dem Hinweis auf PG 37,1108, v. 1158 (S. 110 seiner Ausg.), welche St. der unsrigen freilich nicht durchgehend parallel ist, m. E. nicht ganz überzeugend widersprochen. Vgl. etwa noch *Hieron.*, ep. 92,2 (a.E.): ... ut ex earum (=stellarum) cursu ... daemones futura cognoscant et vel agant aliqua vel *ab his* agenda *demandent.*

61, 11. Z. v. o.: »Konstellation ...«; wörtl.: »d. Zusammentreffen u. Sichvoneinanderentfernen«, συνόδους κ. ὑποχωρήσεις.

61, 16. ff. Z. v. o.: »Manche ...«: eine Feststellung, die gleichfalls gelegentlich bei Gregor wiederkehrt; vgl. PG 37,430, v. 8 (»... als würden sie fürchten, von Gott gerettet zu werden«); bes. 694, v. 189: wie sollte man diejenigen »weise« nennen, »die [Gottes Wohltätigkeit] Schranken setzen, auf daß Gott bei seinem Rettungswerk nicht ermüde«. Im übrigen scheint Gregor damit auf die »engbegrenzte Vorsehung des Aristoteles« von or. 27,10,24C abzuheben, wonach Gott sich um die Welt nicht über den Mond hinaus kümmere: s. *Barbel,* 57A. 34; zum Detail: *Trisoglio,* 191 ff.

62, 11. ff. Z. v. o.: »Bildner« (πλάστην); vgl. z. B. PG 37,406, v.

62f.: Christus als »Bildner Adams«! Das Ganze bewegt sich übrigens in platonischem Vokabular: *Pinault*, Le platonisme, 102. – »durch Gegensätze«: vgl. or. 6,8 (20,18. ff. Z. v. u.); dazu *Kertsch* in: VigChr 30 (1976) 244,A.12. – »damit uns ...«: vgl. or. 28,12,40D–41A u. *Kertsch*, Bilderspr., 21; 77, Fn. 4 (nebst Erg.).

63, 2. ff. Z. v. o.: »heilige Krankheit«: hier allgemeiner zu fassen; nicht spezifisch als Euphemismus für die Lepra wie Kap. 6 (37, 18. ff. Z. v. o.). – »Job«: von ihm ist or. 21,17,1100B–D/1101A viel die Rede; or. 18,24,1013B (*H.*, 371) wird seine »unerschütterliche Geduld im Leiden« hervorgehoben (vgl. 43,72,593B).

63, 17. ff. Z. v. o.: »törichten Reden ...«: Rückblendung auf Kap. 29 (58, 12. ff. Z. v. o.).

63, 18. f. Z. v. u.: »... Beispielen aller«; eher: »Beachten wir mehr als alles Gottes Gebot und Beispiel!« (*Hamman*, 132).

63, 15. Z. v. u.: »Männer des Geistes«: als solcher wird z. B. or. 18,36,1033A *Gregor d. Ä.* bezeichnet.

63, 13. Z. v. u.: »geändert«; vielmehr: »ließen es damit bewenden« (o. ä.: ἀπηλλάγησαν).

64, 5. f. Z. v. o.: »wie sich seine Hand ...«, womit Kap. 28 (57, 9. ff. Z. v. o.) wiederaufgenommen wird.

64, 10. f. Z. v. o.: Zu »Kindern der Menschen« vgl. Kap. 27 (56, 15. Z. v. o.).

64, 18. Z. v. u.: »Armut u. Dürftigkeit«: vgl. Kap. 35 (63, 2. f. Z. v. u.) u. or. 19,11,1056B.

64, 13. f. Z. v. u.: »zum Zorne reizt«: s. zu Kap. 24 (53,15. ff. Z. v. u.).

64, 10. ff. Z. v. u.: vgl. Kap. 25 (54, 10. ff. Z. v. o.); auch 8 (39, 7. ff. Z. v. o.) u. 14 (44, 2. ff. Z. v. o.). – »erhebest« (κατεξαναστῇς): wie Kap. 34 (62, 3. Z. v. u.). – »steht nicht fest«: ähnlich Kap. 30 (58, 6. Z. v. u.). – »Verschiedenheit« (διαίρεσις): wie Kap. 26 (54, 8. Z. v. u.: »Zerrissenheit«).

64, 3. ff. Z. v. u.: »mögen auch ...«: ähnlich Kap. 14 (44, 11. Z. v. o.) als Spezifikum der Aussätzigen. – »Lasse dich [...] bewegen!«, δυσωπείτω: wie Kap. 27 (56, 8. ff. Z. v. u.).

65, 2. ff. Z. v. o.: »bescheidener« μετριώτερος): wie or. 6,6 (18, 10. Z. v. u.: »mäßig«). – Wegen des Zitats (Spr 19,14) vgl. zu Kap. 9 (40, 3. f. Z. v. o.); im übrigen Kap. 27 (55, 4. ff. Z. v. u.).

65, 7. Z. v. o.: »Barmherzigkeit«: entsprechend der Vulgataübersetzg. »per misericordiam« für ἐλεημοσύναις (Spr 15,27); sonst »Almosen«: Kap. 22 (50, 8. Z. v. u.).

65, 10. ff. Z. v. o.: Zu »Schmutz« (ῥύπη) vgl. Kap. 30 (59, 9. Z. v.

o.), zu »Flecken« (μολύσματα) Kap. 12 (42, 14. Z. v. o.: »angesteckt werden«). – »Pflänzchen« (πόα); wohl Anspielung auf Mal 3,2: »wie die Lauge (hebr. *borith*) der Wäscher«. Die Wiedergabe πόα πλυνόντων (»Wäscherpflanze«) der LXX erklärt sich daraus, daß diese Lauge aus der Asche verbrannter Salz- und Seifen*pflanzen* gewonnen wurde (*Gesenius'* Hebräisches und Aram. Handwörterb. über das AT, Leipzig [14]1905, 105).

65, 18. f. Z. v. u.: »des [...] Heilandes bedurfte...«, wozu auf Kap. 15 (44, 8. ff. Z. v. u.) verwiesen sei.

65, 14. Z. v. u.: »Glied Christi...«: vgl. Kap. 8 (39, 7. ff. Z. v. o.); in weiterer Folge: »Er ist ein Glied von dir...«, Kap. 27 (56, 10. f. Z. v. u.).

65, 2. f. Z. v. u.: Gregor liebt derlei Klangfiguren desselben Wortstammes (Polyptota), wofür z. B. auf 45,9,633CD verwiesen sei (*Röhm* I, 100): »[Christus...] vereinigt sich mit einer vernünftigen Seele um meiner Seele willen, damit er so mit dem Gleichen das Gleiche reinige«; im übrigen vgl. 16,19,961B.

66, 1. Z. v. o.: »heile das Größere...«: erinnert an Kap. 27 (55, 9. Z. v. u.): »seelische Wohltaten«; wörtl.: »Größeres«!.

66, 7. Z. v. o.: Vgl. zu Kap. 5 (37,1. f. Z. v. o.).

66, 11. ff. Z. v. o.: »erbarmt u. gibt«, wozu vgl. Kap. 27 (55, 4. f. Z. v. u.). – »Reißen wir...«; vgl. Kap. 22 (50, 3. f. Z. v. u.).

66, 10. Z. v. u.: Wegen »Bereitwilligkeit« s. zu Kap. 27 (55, 12. ff. Z. v. o.).

66, 5. ff. Z. v. u.: Wie schon ältere Kommentatoren beobachteten, wird Is 58,6ff. auch or, 18,20,1008D/1009A zitiert und weiter ausgedeutet: im Hinblick darauf, daß es besser sei, »mit Rücksicht auf die Würdigen auch Unwürdigen etwas zu spenden, als in der Angst, Unwürdige zu beschenken, die Würdigen zu vernachlässigen« (*H.*, 368). – »kleinlich...«: vgl. Kap. 19 (37, 8. ff. Z. v. u.).

67, 10. ff. Z. v. o. bereits Kap. 4 (36, 5. f. Z. v. o.) in knapperen Worten vorweggenommen.

67, 14. Z. v. o.: »Rat und nicht Gesetz« (νόμον – παραίνεσιν); in ganz anderem Zusammenhang or. 40,18,381C (*Röhm* I, 63): »...wir geben kein Gesetz (νομοθετοῦμεν), sondern nur einen Rat (παραινοῦμεν)...«

67, 16. ff. Z. v. o.: »linke Hand [...] Böcke« usf.: vgl. Gregors Wunsch in PG 37,503, v. 69f.: »Reihe mich nicht unter die Zahl der Böcke, sondern der Schafe, d. h. zur Rechten; die Linke sei den Bösen vorbehalten!«

67, 9. Z. v. u.: Wieder Verbindung Christi mit den Armen: vgl. Kap. 37 (65, 16. ff. Z. v. u.); or. 26,6,1236B (Mt 25,40).
67, 8. Z. v. u.: »Erben«; eigentl. »Miterben«, wie Kap. 14 (44, 18. Z. v. o.) u. 23 (51, 13. Z. v. u.).
»solange...«: vgl. Kap. 18 (47, 5. Z. v. o.). – »Christus besuchen (ἐπισκεψώμεθα)...«: ähnlich dem Gotte Israels, der sein Volk »aufsuchte und dadurch erlöste« (ἐπεσκέψατο καὶ ἐπισκεψάμενος ἔσωσε), or. 42,5,464B (a.E.); auch 26,6,1236B. – »heilen« (θεραπεύσωμεν): wie Kap. 39 (a.E.: τεθεραπεύκασιν). – »ernähren«: vgl. or. 16,18,960A. – »bekleiden« (ἐνδύσωμεν); häufiger begegnet das »kühne Bild« (vgl. *Bauer*, Wörterb. s. v. 2b) in der medialen Form, z. B. Kap. 14 (44, 12. Z. v. o.); or. 38,4,316A; 40,25,393C, nach Röm 13,14. – »beherbergen« (συναγάγωμεν), wozu vgl. Kap. 27, oben 55, 19. Z. v. o., »aufgenommen hat«: συνάγει.
67, 3. ff. Z. v. u.: Zu den hier angezogenen Bibelstellen vgl. or. 45,24,656C, wo gleichfalls Joseph v. Arimathea, Nikodem und Maria aufscheinen.
68, 1. Z. v. o.: »der ein heiliger Christ war« ist höchst ungenau; richtig: »der erst ein halber Christ war« (*Hamman*, 135).
68, 5. f. Z. v. o.: »Tausende...«: vgl. or. 6,4 (oben 17, 11. Z. v. u.: »Tausende von fetten Widdern«). – »in den Notleidenden«: wie Kap. 39 (67, 9. Z. v. u.).
68, 8. Z. v. o.: »in die ewigen Z.«: s. zu Kap. 21 (49, 11. ff. Z. v. u.).

Literatur-Hinweise

1. Griechische Textausgaben

Gregor von Nazianz, Reden (orationes): PG 35 (or. 1–26) und 36 (or. 27–45), davon Teile in modernen textkritischen Ausgaben (SC): 1–3, v. *J. Bernardi,* Paris 1978 (SC 247); 20–23 u. 24–26, v. *J. Mossay–G. Lafontaine,* Paris 1980 (SC 270) und 1981 (SC 284); 27–31, v. *P. Gallay–M. Jourjon,* Paris 1978 (SC 250)

– *J. Barbel,* Gregor von Nazianz: Die fünf theologischen Reden, Text und Übersetzung mit Einleitung und Kommentar, Düsseldorf 1963.

2. Übersetzungen

Ph. Haeuser, Des hl. Bischofs Gregor von Nazianz Reden aus dem Griechischen übersetzt ... Rede 1–20 (BKV – Bibliothek der Kirchenväter, 1. Reihe Band 59), München 1928

J. Röhm, Ausgewählte Schriften des hl. Gregor von Nazianz nach dem Urtext übersetzt ..., (BKV) Bd. I und II, Kempten 1874 und 1877.

3. Weiterführende Literatur

B. Altaner – A. Stuiber, Patrologie: Leben, Schriften und Lehre der Kirchenväter, Freiburg/Basel/Wien ^{9}1980.

W. Bauer, Griechisch-Deutsches Wörterbuch zu den Schriften des Neuen Testaments und der übrigen urchristl. Literatur, Berlin ^{5}1963.

K. G. Bonis (ΜΠΟΝΗ), Γρηγόριος ὁ Θεολόγος: Βίος καὶ ἔργα, συγγράμματα καὶ διδασκαλία (Gregor der Theologe: Leben und Werke, Schriften u. Lehre), Athen 1982.

H. v. Campenhausen, Griechische Kirchenväter, Stuttgart ⁶1982.

J. Dziech, De Gregorio Nazianzeno diatribae quae dicitur alumno, Posen 1925.

H. Fuchs, Augustin und der antike Friedensgedanke (Neue philolog. Untersuchungen 3), Berlin 1926 (Nachdr. ebd. 1965).

P. Gallay, La vie de saint Grégoire de Nazianze, Lyon/Paris 1943 (deutsch v. *E. Klein,* Stuttgart 1964).

K. Gronau, Poseidonios und die jüdisch-christliche Genesisexegese, Leipzig/Berlin 1914.

A. Hamman – S. Richter, Arm und Reich in der Urkirche (Übers. der franz. Originalausg. 1962: Riches et pauvres dans l'Église ancienne, v. *J. Niederehe*), Paderborn 1964, S. 105–135: Gregor v. Nazianz, Über die Liebe zu den Armen.

M.-M. Hauser-Meury: Prosopographie zu den Schriften Gregors von Nazianz, Bonn 1960 (=Theophaneia 13).

M. Kertsch, Ein bildhafter Vergleich bei Seneca, Themistios, Gregor v. Nazianz und sein kynisch-stoischer Hintergrund, in: VigChr 30 (1976) 241–257; Ergänzungen dazu: ebd. 31 (1977) 298–307.

–, Traditionelle Rhetorik und Philosophie in Eusebius' Antirrhetikos gegen Hierokles: ebd. 34 (1980) 145–171.

–, Gregor von Nazianz' Stellung zu *Theoria* und *Praxis* aus der Sicht seiner Reden, in: Byz. 44 (1974) 282–289.

–, Bildersprache bei Gregor von Nazianz (Ein Beitrag zur spätantiken Rhetorik und Popularphilosophie), Graz ²1980 (=Grazer Theolog. Studien 2).

–, Meteorología clásica en imágenes de la última época de la antigüedad, ilustrada con ejemplos sacados de Gregorio Nacianceno, in: Emérita XLVIII (Madrid 1980) 105–121.

Lexikon der Alten Welt, hrsg. v. *C. Andresen u. a.*, Zürich u. Stuttgart 1965.

A.-M. Malingrey, »Philosophia«: Étude d'un groupe de mots dans la littérature grecque, des Présocratiques au IVe siècle après J.-C., Paris 1961 (=EeC XL).

C. Moreschini, Il platonismo cristiano di Gregorio Nazianzeno, in: Annali della scuola normale super. di Pisa (Classe di lettere...) IV (1974) 1347–1392.

E. Norden, Die antike Kunstprosa, Darmstadt ^{5}1958 (Bd. 1–2).

H. Pinault, Le platonisme de Saint Grégoire de Nazianze, La Roche-sur-Yon 1925.

J. Quasten, Patrología II (La edad de oro de la literatura patrística griega), span. Ausg. v. *I. Oñatibia*, Madrid ^{2}1973, 261–282 (Gregor v. Naz.).

R. R. Ruether, Gregory of Nazianzus: Rhetor and Philosopher, Oxford 1969.

T. Sinko, De traditione orationum Gregorii Nazianzeni (Meletemata patristica II), Krakau 1917.

F. Trisoglio, Reminiscenze e consonanze classiche nella XIV orazione di San Gregorio Nazianzeno, in: Atti della Accademia delle Scienze di Torino II (Classe di scienze morali...), vol. 99 (1964–65), Torino 1965.

C. Ullmann, Gregorius von Nazianz der Theologe, Gotha ^{2}1866 (=C. Ullmann's Werke 5. Bd.).

Abkürzungsverzeichnis

a.E.	=	am Ende
AT	=	Altes Testament
BGrL	=	Bibliothek der griechischen Literatur
BKV	=	Bibliothek der Kirchenväter
Byz.	=	Byzantion
ByZ	=	Byzantinische Zeitschrift
col.	=	columna (-ae): vgl. Spalte.
EeC	=	Études et commentaires
ep.	=	epistula (-ae)
ΕΠΕ	=	ΕΛΛΗΝΕΣ ΠΑΤΕΡΕΣ ΤΗΣ ΕΚΚΛΗΣΙΑΣ (Saloniki)
Erg.	=	Ergänzung(en)
GCS	=	Die griech. christlichen Schriftsteller der ersten drei Jahrhunderte.
H.	=	Haeuser: s. Literaturverzeichnis!
ib. fragm.	=	ibidem fragmentum
KV	=	Kirchenvater (-väter)
LXX	=	Septuaginta
NT	=	Neues Testament
PG	=	Patrologia Graeca (ed. Migne): s. Literaturverzeichnis!
RHE	=	Revue d'histoire ecclésiastique
SC	=	Sources chrétiennes
Sp.	=	Spalte (n): vgl. columna.
St.	=	Stelle(n)
s. u. a.	=	siehe unter anderem(n)
ThWNT	=	Kittel's Theologisches Wörterbuch zum Neuen Testament
t.	=	tomus
Var.	=	Variante(n)
VigChr	=	Vigiliae Christianae
vol.	=	volumen
ZPE	=	Zeitschrift für Papyrologie und Epigraphik

Sach- und Namenregister*

* Die Seitenzahlen in Klammern beziehen sich auf die entsprechenden Bemerkungen zur Übersetzung der voranstehenden Stellen.

Inhalt